김 웅 식 산문집

난향 바라기

김웅식 산문집 **난향 바라기**

초판 1쇄 인쇄 2011년 10월 10일
초판 1쇄 발행 2011년 10월 17일

지은이 | 김웅식
펴낸이 | 손형국
펴낸곳 | (주)에세이퍼블리싱
출판등록 | 2004. 12. 1(제2011-77호)
주소 | 서울시 금천구 가산동 371-28 우림라이온스밸리 C동 101호
홈페이지 | www.book.co.kr
전화번호 | 1661-5777
팩스 | (02)2026-5747

ISBN 978-89-6023-690-5 03810

| 에세이 작가총서 394 |

난향 바라기

김 웅 식 산문집

ESSAY

머 리 말

예전 직장 선배로부터 자주 듣는 말 중 하나는 "글은 초등학생도 읽고 이해할 수 있을 정도로 쉽게 써야 한다"는 것이었다. 그리고 "봇물처럼 쏟아지는 정보의 홍수 속에서 자신이 쓴 글이 절대 공해가 되지 않아야 한다"는 말이었다. 지금도 금과옥조(金科玉條)처럼 여기고 있는 말이다.

11년 간 신문사에 근무했었다. 제대로 된 우리 말글 사용을 위해 기사를 국어 어법에 맞게 고치고, 새롭고 유익한 정보를 독자들에게 전달하기 위해 동분서주(東奔西走)하기도 했다. 그때 썼던 글들을 꺼내 보면 반가운 사람을 만난 양 반갑기 그지없다.

괴롭고 힘든 시간도 지나고 나면 아름다운 추억이 된다고 했던가. 되돌아보면 글 때문에 괴로워했던 그때는 '아름다운 나날'이었던 것 같다. 어떻게 보면, 지난날 썼던 글들이 지금의 나를 존재하게 하는 원동력이 되었다고 할 수 있겠다.

애초에 잡문(雜文)에 지나지 않는 것이기에 한 권의 책으로 묶어내는 걸 마음 내켜 하지 않았다. 하지만 글 속에 담겨 있는 서정(抒情)과 정보를 여러 사람과 공유해 보는 것도 괜찮겠다는 생각에 최근에 쓴 글을 더해 출간(出刊)이라는 용기를 내 보았다.

책 앞 쪽의 글은 생활 속에서 느낀 바를 자유롭게 쓴 수필이며, 나머지 글들은 신문에 연재했던 기행문, 서부경남의 맛집과 예술공간, 인물 소개 글을 모은 것이다. 글 사이에 회사 선후배와의 만남과 이별을 인연으로 쓴 기념패 문구도 몇 편 덧붙였다.

이 책은 결코 나만의 것이 아니다. 주위 분들의 격려와 가족의 성원이 없었다면 햇빛을 보지 못했을 것이다. 삶의 자양분이 돼 주시는 부모님과 형·누나들, 그리고 일가친척, 회사 선후배 등 수많은 사람에게 힘입은 바 크다. 나를 믿으며 묵묵히 내조를 아끼지 않는 아내와 항상 긍정의 마음으로 내일을 준비해 나가는 두 아이 훈민, 정음에게도 고마운 마음을 전한다.

2011년 10월 김웅식

목 차

수 필

기행문

사람과 사람

수필

뚝섬유원지

'막힌 것은 뚫어야 한다'는 생각이기에 여가나 취미 생활도 자연히 그런 쪽으로 변해 가는 것 같다. 답답한 실내보다는 탁 트인 언덕바지가 좋고 애착이 더 가는 것은 외적인 성향을 지향하는 마음가짐 때문인지도 모른다.

게으름을 피울 수 없다. 뚝섬유원지를 만나는 즐거움이 새록새록 돋아나기 때문이다. 일요일 이른 아침, 큰아이와 함께 뚝섬유원지로 나가 본다. 뚝섬유원지는 집과 5분 거리. 마음만 먹으면 언제든지 오갈 수 있다. 일요일 아침의 나들이는 회사 출근이라는 마음의 부담을 내려놓고 이곳저곳과 만나며 대화할 수 있어 매력적이다.

뚝섬유원지는 조용한 가운데 나를 들여다 볼 수 있는 곳이다. 하루가 다르게 녹음의 깊이를 더해 가는 미루나무를 보고 있노라면 머리까지 맑아진다. 부드럽게 가지를 늘어트린 청신한 자태가 세상의 깨끗함만을 생각하게 한다. 가을, 겨울, 봄, 여름…. 많은 혜택을 뚝섬유원지로부터 받았다.

한강 둔치를 따라 걷다 보면 계절의 변화에 어울리는 몸단장으로 소홀함이 없는 야생초와 꽃들의 부지런함을 배우는 것도 그 혜택들 가운데 하나다. 뚝섬유원지와 더불어 건강하게 숨쉴 수 있다는 사실에 행복함을 느낀다. 건강한 삶은 물질적인 값어치 이상의 보배로움이 있다.

널찍하게 펼쳐진 운동장에서 달려 보는 즐거움, 그리고 그 뒤 온몸을 전율시키듯 찾아드는 청량감. 새벽녘이나 아침나절의 뚝섬유원지는 바쁘게 돌아간다. 하루의 시작을 활기차게 열려는 사람들로 분주하기 때문이다. 자전거를 타며 강바람이 주는 시원함으로 가슴을 씻어보든지 산책로를 따라 걸으며 내면 밑바닥으로 조용히 침잠해 보는 것도 좋다.

풋풋하면서도 격조 있고 풍성한 혜택이 항상 있는 곳이 뚝섬유원지다. 더욱이 나의 마음을 사로잡는 뚝섬유원지 최고의 미덕은 자연과 사람, 사람과 사람의 만남을 쉼 없이 창조해 내는 데 있다. 그곳은 바로 만남과 소통의 장소이기 때문이다.

여름 밤 야외 잔디밭에서 즐기는 영화 감상은 재미를 배가해 준다. 한두 줄금씩 불어오는 강바람과 어우러진 영상미에서 색다른 기쁨을 만끽할 수 있다. 삼삼오오 세상 돌아가는 얘기를 나누며, 가족끼리 도란도란 희망을 심는다.

뚝섬유원지의 아침과 밤 분위기는 사뭇 다르다. 아침 이미지 가운데 으뜸은 운동으로 땀 흘리는 사람들의 애정 어린 눈빛이다. 노부부가 산책으로 하루를 여는 것도 보기 좋고, 신혼 남녀가 배드민턴으로 사랑의 밀도를 더해 가는 것도 아름다워 보인다. 골문을 향해 온몸으로 돌진하는 조기축구 회원의 박진감 넘치는 몸놀림은 더없이 부럽다. 몸과 몸을 부딪치며 형성해 가는 일체감, 주고받는 말 한마디 한마디는 팍팍한 세상살이에 자양분이 될 만하다.

빨갛게 상기돼 서녘으로 떨어지는 해를 신호탄으로 낮 동안의 부산함은 정적인 어울림으로 바뀐다. 어둠이 시나브로 내려앉아 시간의 깊이를 더해 갈수록 뚝섬유원지를 찾는 사람들의 얼굴은 홍조를 띠게 된다. 밤이 주는 설렘과 젊음이 갖는 낭만 때문일 것이다. 뚝섬유원지에서 밤을 한번 맞이해 볼 일이다. 가족 나들이, 선후배가 나누는 맥주 한잔, 혹은 연인들의 데이트 장소로 제격이다.

낭만과 설렘이 있는 뚝섬유원지. 다른 곳에서는 차마 하지 못할 이야기라도 이곳에서는 가능할지 모른다. 뭇사람과의 어울림 속에서 '남이 있기에 나도 존재한다'는 진리를 이곳에서 체득할 수 있다면 그것도 하나의 큰 소득이다. 이웃과 더불어 살아갈 수밖에 없는 우리의 삶. 나 혼자만 존귀하다는 이기적인 생각은 무의미하다. 함께 함으로써 아름다운 시간들을 만들어 갔으면 좋겠다. 뚝섬유원지의 밤은 그렇게 또 깊어간다.

각양각색의 꽃과 풀, 나무들도 뚝섬유원지의 한 자리를 차지하고 있다. 도심에서는 쉬 만날 수 없는 소중한 것들이 이곳에 깃들여 살아가고 있는 것이다. 잘 손질된 자연학습장은 어린이와 시민들이 자연과 대화·소통할 수 있는 공간이기도 하다. 문득 찾아드는 자신감 상실과 도시 생활의 무미건조함. 꽃과 풀, 나무들은 우리의 지친 몸과 마음을 어루만져 주기에 살아가는 데 위안이 된다. '지금은 참고 기다려야 할 때, 파란 가을 하늘 아래 여름내 흘린 땀의 결실을 볼 수 있으리라'는 꽃들의 속삭임이 들리는 것도 같다. 힘차게 커 가는 대파, 당근, 무, 그리고 머루와 다래나무를 보면 고향 텃밭에 와 있는 듯한 편안함이 느껴진다. 자연은 꾸미지 않고 거짓이 없기에 그를 닮고자 하는 마음에는 동서고금 변함이 없는 것 같다.

뚝섬유원지는 비둘기의 살림터이기도 하다. 잔디밭 벤치 앞에는 비둘기 떼가 모이를 쪼고 있다. 지나다니는 사람들을 경계하거나 두려워하지 않는다. 오히려 사람을 졸졸졸 따르고 있지 않는가. 어느 한 순간으로는 이뤄질 수 없는 친밀감은 무수한 만남과 소통의 결과이려니 생각해 본다. '해치지 않는다'는 무언의 믿음과 행동이 비둘기와 사람을 가까운 관계로 발전시켰을 것이다. 비둘기 떼가 사람들을 우르르 이끌고 다닌다는 표현도 틀리지는 않다. 비둘기의 앙증스러운 몸놀림을 보면 공생의 길이 멀리 있는 것만은 아니라는 생각이 든다.

막히면 뚫어줘야 한다. 뚝섬유원지는 자연과 사람, 사람과 사람의 만남과 소통이 있기에 활기찬 생활을 가능하게 하는 곳이다. 그러기에 뚝섬유원지는 함께 가야 하는 인생의 동반자와 같다.

된장찌개와 손맛

겨울 찬바람이 이는 어느 날, 어머니는 산더미 같은 콩을 삶으셨다. 으깬 콩은 네모반듯하게 메주로 변신해 새끼줄에 대롱대롱 매달리게 된다. 겨우내 방안 가득 야릇한 내음이 피어오른다. 시나브로 메주가 익어 가고 있는 것이다.

쫙쫙 갈라지는 메주 몸뚱이에 파랗게 곰팡이가 슨다. 중요한 작용을 할 이로운 곰팡이다. 이듬해 새 봄, 메주는 소금물에 오랜 시간 잠겨 또 다른 아름다운 변신을 준비하게 된다. 머지않아 된장과 간장으로 태어날 것이다. 메주와 된장·간장 만들기는 어머니의 변하지 않은 중요한 연중행사 중 하나다.

된장과 간장은 음식의 맛을 돋워줄 뿐만 아니라 편안히 안겨 오는 멋이 있다. 우리 할아버지·할머니가 그러했듯이 우리는 간장과 된장을 먹으며 건강한 삶, 무병장수를 누리고 있다. 나아가 후손들도 가까이 두고 애용할 자랑스러운 우리의 전통음식이 된장과 간장이다.

잘 익은 된장과 간장은 타지(他地)의 가족, 친지에 대한 그리움을 달래 주기에 정겹게 느껴질 만하다. 문득 찾아드는 자신감 상실과 도시생활의 무미건조함. 된장찌개 한 그릇은 우리의 지친 몸과 마음을 어루만져 주기에 살아가는 데 위안이 될 수 있다. 사랑과 정성으로 피워 올린 음식이기 때문이다. 올해도 어머니는 변함없이 자식에게 된장과 간장을 내어주신다. 손자·손녀의 건강까지 기원하면서.

추운 겨울날, 귀가가 늦는 가족을 위해 어머니는 된장찌개와 밥을 아랫목 이불 밑에 넣어 두셨다. 음식이 혹 식을까 노심초사하며 딸아들을 기다린다. 바깥 날씨가 추워질수록 된장찌개와 밥의 온기는 오히려 더 높아 갔다. 어머니의 사랑 때문이다. 따뜻한 밥과 된장찌개를 앞에 둔 딸아들이 착한 마음으로 정직한 일을 하리라 믿는 것은 어머니의 사랑과 기도가 음식을 통해 전해지기 때문이다. 오늘날의 대한민국을 이만큼 발전시켜 온 원동력은 어머니의 사랑과 손맛임에 틀림없다.

편리한 세상이 됐다. 이불을 덮어 음식의 온기를 감싸던 수고로움은 전기밥통의 등장으로 이제 하지 않아도 된다. 밥과 된장찌개보다는 빵과 인스턴트 식품이 식탁에 더 자주 오른다. 어머니의 손맛은 부엌에서 밀려나고 있다.

좋은 우리 것 버리고 편리한 남의 것 좇아 우르르 몰려간다. 시간이 흐를수록 된장찌개의 은근한 온기가 그리워지는 것은 왜일까. 속도와 편리함, 간편함을 추구하는 이면에 삶의 여유와 어머니의 손맛을 잃어버린 시대가 되었다. 참 불편한 세상이 되고 있다.

비만인 학생이 예전보다 많이 늘었다고 한다. 어린이 성인병 발병률도 증가추세라는 반갑지 않은 보도도 들린다. 인스턴트 식품과 패스트푸드 위주의 식생활이 불러온 부작용이다. 필요 이상으로 살이 찐

아이들이 거리를 활보하게 내버려 둘 수는 없다. 더 문제가 되는 것은 편리한 생활을 하면서 내 남 없이 누구나 '현대 병'과 부닥칠 수 있는 불행한 환경으로 내몰리게 되었다는 점이다. '간편', '편리'라는 이름 아래 서구화된 식생활 속으로 자신을 몰아쳐 온 결과다.

몇 년 전, 부산국제영화제에 영화 '슈퍼 사이즈 미'로 참가한 미국 영화감독 모건 스펄록(Morgan Spurlock)의 말은 우리에게 시사하는 점이 많다. "패스트푸드로 죽어가는 미국 사회를 담고 싶었다"라는 그는 자신이 감독한 작품에서 한 달 동안 맥도널드 제품만 먹으며 어떻게 몸이 망가지는지를 보여주었다. 그에 따르면 "살이 12kg 쪘고, 콜레스테롤 수치 급상승, 심장 이상 등 온갖 질병이 몰려왔다"고 밝혔다. 결론적으로 그는 "편리함을 가장한 완성식품들이 삶을 망치고 있다. 다시 가정의 부엌으로, 식탁으로 돌아가자. 손으로 직접 만들어 먹는 음식의 행복을 느끼는 것이 제대로 사는 삶"이라고 강조해 큰 가르침을 주기도 했다.

음식의 맛은 만든 이의 정성과 손맛에 좌우된다고 해도 틀리지 않다. '무엇으로'보다는 그것을 요리하는 사람, 즉 '누가'가 중요한 요소가 된다. 사랑이 넘치는 맑은 마음에서 좋은 음식은 나오게 마련이다.

가족에게 최상의 음식을 먹이고자 하는 마음이 최고의 음식을 창조해 낸다고 할 수 있겠다. 만든 이의 정성이 묻어나는 음식이 한 둘 아니겠지만 된장찌개만큼 매력적인 음식은 아직 보지 못했다. 노랗게 삭은 황금빛 색깔에 어우러진 달콤 짭조름한 된장의 맛은 신비로움을 느끼게 할 정도로 인상적이다. 자랑할 만한 우리의 음식문화 중 하나는 바로 된장에서 출발하는 것이 아닌가 생각해 본다.

어느 한 순간으론 결코 존재할 수 없는, 오랜 시간 공을 들여야만 온전한 맛을 드러내는 게 된장이다. 논밭의 콩이 된장·간장이 되기까지 수천 번의 손길이 더해졌을 것은 뻔한 이치다. 그러기에 된장과 간장은 기다림과 정성이 더해지지 않으면 존재 자체가 불가능한 음식이기도 하다. 그 효능은 엄청나다. 된장은 나쁜 콜레스테롤의 체내 축적을 막고 혈액 흐름을 원활하게 해준다. 그뿐 아니다. 항암 작용을 하고 고혈압 완화에 효험이 있다. 간 기능 강화와 해독 작용을 하고 치매 예방에도 효과가 있는 것으로도 밝혀져 있다. 한마디로 만병예방, 만병통치 음식인 셈이다.

큰아이는 된장찌개를 즐겨 먹는다. 구수한 된장 맛이 좋단다. 어릴 때 시골에서 할머니와 함께 생활한 것이 아이의 입맛에 영향을 준 것 같다. 할머니가 보글보글 끓여낸 찌개가 아이의 구미를 당겼을 것은 당연하다.

이제 큰아이는 된장 예찬론자가 되었다. 할머니가 요리했던 것과 똑같이 된장찌개를 만들어 달라며 자기 엄마에게 압력을 가하기도 한다. 어릴 때 들이는 식생활 습관이 중요함을 절감하는 요즘이다.

간절한 희망을 품어 본다. 어머니의 손맛, 가마솥에 콩을 삶아 메주를 만들던 그날이 박물관 속의 유물이 돼서는 안 될 것이다.

계단

하루가 다르게 녹음의 깊이를 더해 가는 숲길을 걷고 있노라면 머리까지 맑아진다. 혼자 해 보는 나들이는 조용한 가운데 나를 들여다볼 수 있어 좋다. 여름, 가을, 겨울, 봄…. 참 많은 혜택을 자연으로부터 받았다. 한강 둔치를 따라 걸으며 계절의 변화에 어울리는 몸단장으로 소홀함이 없는 야생초와 꽃들의 부지런함을 배우는 것도 그 혜택 가운데 하나다. 자연과 더불어 건강하게 숨쉴 수 있다는 사실에 행복을 느낀다. 건강한 삶은 물질적인 값어치 이상의 보배로움이 있다.

작은 더위에도 땀을 줄줄 흘리는 체질이라 산에 오르는 것을 좋아하지 않았다. 산 정상에서 누려 봄직한 호연지기와 상쾌함을 외면하지는 않았지만 온몸을 끈적끈적 휘감아 내리는 땀은 질색이었다. 후줄근하게 젖어 버린 옷에서 번져 나는 찬 기운이 숙명적으로 안고 가야 하는 외로움을 되새기게 하는 것 같아 싫었다.

수년 전 이맘때쯤이었는가 보다. 건강을 다지기 위해 운동을 해야겠다는 마음은 간절했지만 무엇을 할지 고민하던 중이었다. 돈이나 시간을 적게 들이고 할 수 있는 것을 찾아야 했는데, 그때 마침 회사 선배의 '달콤한 유혹'이 있었다. "등산 뒤 마시는 맥주 한 잔은 불로장생 약이 부럽지 않다."

산에 오르자 숨이 턱턱 막히고 땀은 비 오듯 했다. 산을 오르는 것은 미련한 짓이라는 생각이 들었다. 숫제 등산은 건강을 다지는 것이 아니라 몸을 혹사하는 것으로 생각됐다. 다리가 후들거렸다. 남들은 잘도 오르내리는데…. 몇 번을 앉아 쉬며 올라야 했고 그런 난감함은 한동안 계속되었다. 더욱 곤혹스러운 것은 산 중간 중간에 버티고 있는 계단을 오르내리는 일이었다. 산행이 익숙지 않은 나에게 계단 오르기는 난코스였다.

'뜻이 있으면 길은 있다'고 했던가. 시간이 지나면서 처음에 느꼈던 산행의 고통은 시나브로 가시고 산을 찾는 즐거움이 찾아 들었다. 그것과 함께 산에 대한 사랑을 실천하고 있는 사람들의 건강한 삶을 엿볼 수 있는 여유까지 생겼다. 계단을 오르내리며 마음의 티끌을 털어낼 수 있으니 얼마나 좋은가. 대자연의 품에서 새로운 활력을 찾는다.

계단은 지나온 시간을 반추해 볼 수 있는 삶의 거울이기도 하다. 한 계단, 두 계단…. 일희일비(一喜一悲) 했던 기억의 층계를 오르내리며 희망 바라기를 한다. 내일은 오늘 펼쳐 놓은 가능성의 결정. 땀이 아닌 맹물로 열매를 보려 하거나 꽃을 소유하려고 가지를 꺾는 이기심은 만들지 말아야겠다. 노력하지 않고 좋은 결실을 바라는 것은 남과 자신을 속이는 일임을 알겠다.

늘어나는 '돈'을 바라보며 미소를 지어본다. 예전에 가지지 못했던 일정액을 날마다 쌓아 가고 있으니 얼마나 행복한가. 즐거움은 나눌수록 커지는 법. 누구든 붙잡고 돈 자랑을 하고 싶다. 가난에 지친 나머지 자포자기의 심정으로 허세를 떨기 위해 하는 말은 아니다. 로또 당첨으로 거액을 얻었거나 주식으로 떼돈을 움켜쥐는 것도 아니다. 다만, 마음 속 계좌에 차곡차곡 쌓아가는 값진 이득을 두고 하는 말이다. 돈 가치를 물량적인 것으로 따진다면 만족의 정도는 달라지겠지만 나는 그런 것에 마음을 두지 않는다. 하루를 지나고 나면 그만큼의 돈이 모이니 많이 가지는 편이다.

하루에 담배 한 갑 1,500원이 한 달이면 4만5,000원이다. 1년이면 54만원이라는 계산이 나온다. 담배 찾을 일이 없으니 그 돈은 고스란히 이익이 된다. 때에 따라 두 갑 이상이 연기로 사라졌던 것을 생각하면 이익은 그만큼 더 늘어나는 셈이다. 금연 초기 나의 결심에 반신반의하던 아내는 이제 "가까이 하기에 너무 좋은 당신" 하며 웃음꽃을 터뜨린다.

호수 위 작은 파문이 크고 아름다운 동심원으로 번져 나듯 그렇게 희망의 꿈을 펴며 살아갈 일이다. '돈' 욕심이 난다. 큰 부자가 돼 보고 싶다. 건강과 이익, 그리고 행복을 가져다주는 일석삼조 투자법. 마음 속 계좌를 늘려 가고 싶다. 그리하면 이웃과 더불어 '백만장자의 꿈'도 실현해 볼 수 있지 않을까.

'계단이 거기 있기에 오른다'는 말은 이제 나에게 적절치 않다. 필요에 따라 계단을 만들어 갈 수도 있을 것 같다. 힘이 드는 것은 계단의 높이가 아니라 땀 흘리지 않고 목적지에 도달하려는 헛된 욕망임을 절감한다.

아름다운 변화

'사돈집과 뒷간은 멀어야 한다'는 말은 이제 수정돼야 할 것 같다. 냄새나고 지저분한 곳으로 생각되던 공중화장실이 자주 찾고 싶은 곳으로 변하고 있기 때문이다. 편안한 곳에서 몸과 마음이 상쾌해지는 쾌감을 맛볼 수 있다면 그것은 큰 행복이 된다. 공중화장실이 말 그대로 편안히 쉴 수 있고 근심걱정을 해소할 수 있는 '해우소(解憂所)' 역할을 톡톡히 하고 있다.

고속도로를 달리다 들른 휴게소 화장실에서 신선한 감동을 받을 때가 있다. 화장실의 모습이 많이 달라졌기 때문이다. 말끔한 타일 바닥에다 상큼한 향이 배어나고 경쾌한 음악이 쉴 새 없이 쏟아진다. 다른 한 쪽에서는 대중 미술의 거장인 앤디 워홀의 작품도 감상할 수 있어 카페나 갤러리에 와 있는 듯한 착각에 빠져들기도 한다. 작은 공간이지만 큰 즐거움을 주는 곳으로 화장실이 산뜻한 변신을 하고 있다.

공중도덕은 지켜질 때 아름답다. '남이 보지 않는데, 뭐 어때'라는 생각이 무질서와 혼란을 부채질한다. 아무리 깨끗하고 예술적인 멋스러움이 스며 있는 화장실이라 하더라도 이용자의 준법정신이 흐릿해지면 추물(醜物)로 전락하고 만다. 화장실에서 담배를 피우거나 바닥에 침을 뱉는 행위는 다른 사람에게 불쾌감을 줄 수 있기에 피해야 한다.

지행합일(知行合一)은 지성인의 덕목이다. 백 마디의 말보다 한 번의 실천이 더 중요하지 않을까?

공중화장실을 우리네 안방으로 생각한다면 화장실 문화는 한 단계 더 발전할 것이다. 사랑하는 가족이 거주하는 공간에 침을 뱉고 담뱃재를 마구 떨어트리는 행동을 할 사람은 없을 것이기 때문이다.

'한 지역의 문화수준을 가늠하려면 화장실을 살펴보라'는 말이 있다. 공공의 건물을 깨끗하게 관리하는 모습에서 우리는 남을 배려하는 아름다운 마음씨를 읽을 수 있다. 화장실 벽에 붙어 있던 글귀가 떠오른다. '아름다운 사람은 머문 자리도 아름답다.'

대학 캠퍼스와 어린이대공원이 담장을 허물고 아름다운 변신을 했다. 열린 대학, 열린 쉼터를 지향하는 이들 기관의 노력은 지역 주민들로부터 좋은 반응을 얻고 있다. 우중충한 시멘트 담으로 둘러쳐졌던 교정과 공원이 지역주민들 품으로 성큼 다가온 것이다.

담장의 사전적 의미는 '일정한 공간을 막기 위해 흙이나 돌, 벽돌 등으로 쌓아 올린 것'이다. 외부로부터 오는 적이나 위협을 막기 위해서는 더 높고 튼튼한 담을 설치해야 한다. 남을 믿지 못하고 두려워하는 것만큼 담은 높아만 갔을 것이다. '담을 쌓는다'는 말은 '들어오지 말라'는 의미와 함께 '교류와 소통을 하지 않겠다'는 의미를 내포하고 있다.

남과 더불어 살아가는 상생의 삶이 강조되는 요즈음, 높디높은 담이 반드시 필요한 것만은 아닌 것 같다. 학교와 어린이대공원의 변신은 그러한 사고의 전환에서 나온 결과물인 것 같다. 담장을 허문다는 행위는 안과 밖, 나와 남을 구분 짓는 경계를 허물어 버리는 것으로 이해할 수 있다. 서로 간에 벽이 없어지고 교류가 활발해질수록 소통의 문화가 활짝 꽃필 것은 당연하다.

서울 능동 어린이대공원의 경우 방문객이 이전보다 많이 늘었다고 한다. 담장을 허물고 시민의 품으로 바짝 다가섰기 때문이다. 자연과 사람, 사람과 사람 사이의 교류와 소통이 이곳에서 이루어지고 있다. 가족끼리 혹은 연인끼리 수목이 베풀어놓은 싱그러움을 만끽하며 마음을 풀어놓는다. 끝내 풀어내지 못한 마음의 티끌이나 불신의 벽도 이곳에선 한순간 사라진다.

"담장 허물기는 또 다른 발전"이라고 말하고 싶다. 담장은 달리 생각해 보면 우리네가 하나씩 쌓아온 마음속 불신의 벽인지도 모른다. 이웃을 의심하고 냉대해 오지는 않았는지 살펴볼 일이다. 또한 담장 허물기는 더불어 살겠다는 상생의 의미를 담고 있다. 열린 공간, 열린 마음. 우리가 지향해 가야 할 생활 속 미덕이 아닐까 생각해 본다.

난향 바라기

창으로 비쳐 드는 햇살에 금빛 미소를 머금는 난초 한 분(盆). 지금 나에게 와 보금자리를 튼 난초는 지인이 준 선물이다. 그동안 쌓은 도타운 정을 잊지 않고 오래도록 이어 가자는 마음의 표시임을 나는 잘 안다. 그러기에 꽃대가 하루빨리 오르고 그 지향의 끝에서 난향(蘭香)이 번져 나기를 손꼽아 기다려 보는 것이다.

"믿음을 버리지 않고 정성을 쏟으면 좋은 성과를 맺을 수 있다"는 말이 의미 있게 다가온다. 난 화분에 물을 뿌리며 내일에 대한 기대와 믿음이 꽃으로 피어나 열매 맺기를 빌어 본다. 개화는 결실을 위한 몸짓이요 새로운 지평을 여는 움직임이다.

난초를 대하면서 사람살이의 정도(正道)를 생각해 보는 것은 살아가는 데 소중한 자산이 될 듯하다. 오랜 시간 기다리며 정성을 쏟아야 꽃을 볼 수 있다는 사실에서 세상사의 이치를 체감하기도 한다. 어쩌면 기다림과 정성이 더해짐으로써 난초가 지닌 소통의 에너지가 꽃으로 발현되는지도 모른다.

난초는 마음이 통하는 사람에게 선물하기에 알맞다. 난초를 주고받으며 웃을 수 있고 정을 쌓아 갈 수 있다면 더없는 기쁨이 될 것이다. 친분 있는 사람뿐만 아니라 낯선 이웃에게도 난초 한 분쯤 줄 수 있는 마음의 여유를 지녀 봤으면 좋겠다. 난초를 통한 소통과 교류는 자기 발전의 자양분임에 틀림이 없다.

팍팍한 세상살이에 사람구실 하기가 쉽지 않은 요즘이다. 상처를 주고받으며 눈물을 짜내는 비정상적인 관계가 일상이 돼 버린 듯한 느낌이 든다. 즐겁게 웃을 수 있는 일이 예전보다 많이 줄어들었다고 느끼는 것은 혼자만의 억측은 아니리라. 난초가 지닌 순수와 여유를 배울 수는 없을까. 많이 웃을 수 있는 마음의 눈을 틔워 갔으면 좋겠다.

'웃음은 명약'이라는 속설이 과학적으로 입증된 것은 익히 알려진 바다. 웃음이 갖는 효과는 대단하다. 몸 전체를 이완시키고 불안으로 인한 심장고동을 진정시키며 혈압을 낮추는 데 도움을 준다. 한 번 웃으면 5분 운동하는 것과 같은 효과를 볼 수 있고, 쾌활하게 웃을 때는 몸속 650개 근육 가운데 231개가 움직인다고 한다.

웃을 바에야 크게 웃는 것이 좋을 것이다. '웃을 때 병균을 막는 항체인 인터페론 감마호르몬이 분비된다'거나 '웃음이 많은 낙천가는 학업 성적이 높았고 스포츠 분야에서는 두각을 더 나타내는 것'으로 알려져 있다. 웃음이 명약일 수 있는 까닭을 알 것도 같다.

난초를 가까이 하고 있노라면 웃음 지을 수 있는 마음의 여유를 가질 수 있어 좋다. 난 화분에는 선물하는 이의 애정과 너그러움이 배어 있기 때문이다. 잠자는 아가의 얼굴에 번지는 웃음은 막 벙글어지는 난초 꽃의 순수를 닮았다. 아이의 얼굴에 미소를 띠게 하는 것은 무엇일까. 웃음은 매혹적이되 가식적이지 말아야 한다. 아이의, 난초의 순진무구를 닮아볼 일이다.

금란지교(金蘭之交)라 했던가. '둘이 합심하면 그 단단하기가 능히 쇠를 자를 수 있고, 우정의 아름다움은 난의 향기와 같다'는 뜻의 말이다.

거친 바람이 여린 잎을 침범하려 해도 난초는 꽃을 피울 것이다. 비바람 속에 피어난 꽃의 향기는 오래 간다. 내적인 강인함에서 번져 나오는 품격이라고 할까. '우리'라는 화분에 튼실한 꽃대가 쑥 오르고 그 지향의 끝에서 난향이 은은히 번져 나기를 손꼽아 기다려 본다.

무병장수 지름길

손을 자주 씻게 된다. 손을 깨끗이 하는 것이 무병장수(無病長壽)를 누릴 수 있는 중요한 길임을 알기 때문이다. 화장실에서 볼일을 보고 나면 자연스럽게 손을 씻는다. 음식을 먹기 전에도 손을 깨끗하게 한다. 수돗물 아래 손을 넣으면 온갖 불순물이 씻겨 나가는 청량감이 부드럽게 다가온다. 그때 느끼는 쾌감이란 이루 헤아릴 수 없을 정도다. 손 씻기는 그래서 정신건강에도 큰 도움이 되는 것 같다. 건강관리 면에서 예전과 달라진 나의 요즘 생활 모습을 생각하며 미소를 지어본다.

회사 구내식당엔 손을 자주 씻자는 표어를 게시하고 손 세정제까지 갖춰 놓고 있다. 밥을 먹기 전에 손을 깨끗하게 하라는 뜻일 게다. 하지만 그것을 따르는 사람은 별로 눈에 띄지 않는다. 모두 대수롭지 않게 생각하는 눈치다. 영양사는 손 씻기가 병원균을 막아 큰 병을 예방할 수 있는 지름길이라는 걸 알고 있겠지만 회사원들은 손 씻기의 필요성을 절감하지 못하는 듯했다.

요즘은 '모르는 게 약'인 세상이 아니다. 모르면 공부를 해서라도 알아야 한다. 관심을 가지면 알게 되고 알고 나면 실천한다는 말을 되뇌어 본다. 병원균이 득시글거리는 손은 무병장수의 적이 된다. 얼굴에 조그마한 티끌이라도 묻을라치면 부리나케 닦아내듯이 이젠 손에도 관심을 갖고 깨끗하게 관리해야 할 것이다.

손 씻기를 전엔 대수롭지 않게 생각했다. '손을 씻는다고 뭐 달라질 게 있겠는가'라는 어쭙잖은 생각을 했기 때문이다. 자연히 손 씻을 일이 별로 없었다. 심지어 밥을 먹을 때 빼놓지 않고 손을 씻는 사람을 보고는 '엄청 깔끔 떤다'고 생각할 정도였다. 한마디로 건강관리에 무지했던 것이다. 그래서 그런지 그땐 감기에도 쉽게 걸렸던 것 같다. 아마도 불결한 손이 감기에 걸리게 하는 한 원인이었으리라. 그즈음, 신문에서 손 씻기의 중요성을 담은 기사를 읽은 것은 늦게나마 행운이었다. 큰 돈 들이지 않고 건강한 삶을 유지할 수 있다는데, 그 일을 마다할 이유는 없었다.

'세 살 버릇 여든까지 간다'는 속담은 새기면 새길수록 그 의미가 새롭게 다가온다. 어릴 때 들인 좋은 습관은 일생 동안 긍정적인 영향을 미친다는 의미로도 이해할 수 있겠다. 공공기관에서 하루 8번 30초씩 손을 씻자는 '1830 캠페인'을 벌이고 있는 것은 교육적으로 중요한 의미를 지닌다. 좋은 생활습관이 몸에 배도록 사람들을 이끌어주면 삶의 질을 높일 수 있기 때문이다. 양치질도 그렇지만 손을 씻는 것도 어릴 때부터 습관화하는 것이 중요하다. 물론 어른들이 모범을 보이며 손 씻기의 중요성과 필요성, 그 실천 방안을 자녀들에게 올바로 제시해야 할 것이다.

우선 손 씻기는 건강 지킴이 역할을 한다. 병원에 가지 않고 약을 사용하지 않으려면 아프지 않아야 한다. 질병에 걸리지 않는 가장 쉬운 방법은 손 씻기를 실천하는 것이다. 병원균은 생활 거의 모든 곳에 존재하는 만큼 외부와 많이 접촉하는 손은 균에 노출될 수밖에 없다. 따라서 손을 자주 씻는 것, 제대로 씻는 일은 아주 중요하다. 특히 외출을 했거나 화장실을 다녀온 후, 돈을 만진 후, 음식을 먹기 전후, 쓰레기를 만진 후, 애완동물을 만진 후에는 손을 반드시 씻어야 한다. 또 업무 중에도 손이 더러워졌다고 느끼면 바로 씻는 게 좋다.

또한 손 씻기는 이타(利他)정신을 실천하는 것이다. 손을 열심히 씻는 것은 건강을 지키며 무병장수 할 수 있는 기본이 된다. 가정에 누구 한 사람 아프기라도 하면 웃음이 사라지게 된다. 또한 질병에 걸리면 경제적인 지출이 늘어날 뿐만 아니라 여러 사람이 고통 받을 수 있다. 깨끗한 손은 병원균을 옮기지 않는 고마운 존재가 된다. 불결한 손이 불러오는 질병과 고통은 비단 자신 한 몸에 그치지 않는다. 손은 애꿎은 이웃에게 병원균을 옮기는 주범이 될 수 있다. 가족과 이웃의 건강을 해칠 수 있는 병원균의 이동을 차단하는 길은 손을 깨끗이 제대로 씻는 것이다.

손 씻기는 마음을 닦는 것이다. 손은 참 많은 일을 하는 팔방미인으로 손이 주는 이로움은 한두 가지가 아니다. 손으로부터 받은 만큼 베푸는 게 자연의 섭리에도 맞는다. 도움을 받으면 보답을 잊지 않는 게 인지상정이듯 손의 수고로움에 대해서도 그런 마음자세가 필요하다. 혹사한 손에 묻은 땀과 먼지를 씻어낸다. 끝내 풀어내지 못한 마음의 티끌을 손을 씻으면서 떨쳐버리는 것도 좋으리라.

'지행합일(知行合一)'은 지성인의 덕목이다. 손 씻기 캠페인이 목소리만 높이는 일회성 행사가 아니라 지속적인 지성인 운동으로 힘을 얻기 위해서는 실천 방법을 다양화할 필요가 있다. 신문 방송 등 언론매체를 통해 '1830 손 씻기'의 중요성과 필요성을 홍보해야 할 뿐만 아니라 교육현장에서 실천할 수 있는 새로운 아이디어도 생각해야 한다.

좋은 생활태도는 습관화할 필요가 있다. 손 씻기도 그중 하나가 될 것이다. 지금까지는 어른들이 일방적으로 지시하고 감독하는 경향이 짙었다. 그러다 보니 대중운동으로 확산되는 데 한계가 있었다. 자녀들이 관심을 갖고 재미있게 실천할 수 있는 방법은 없을까? 그들은 무지갯빛 희망을 품을 수 있어야 한다.

경수는 오늘 '무지개 비누'를 새로 받았다. 새 학기 들어 벌써 일곱 번째 비누다. 이것만 다 쓰면 빨주노초파남보 종이 무지개를 만들 수 있다. 반드시 성공할 수 있다는 자신감으로 마음은 희망으로 차오른다. 학기 초에 예쁜 케이스에 든 종이비누를 받았는데, 이 비누는 일정 횟수 이상 사용하면 신기하게도 하나의 무지갯빛 종이로 변한다. 재미있는 놀이가 학교에서 벌어지는 것이다.

친구들과 경쟁이 되다 보니 손을 씻는 일이 자연스레 많아졌다. 다다익선(多多益善), 손을 깨끗하게 관리할수록 건강에 좋을 것은 당연하다. 화장실에는 손이 어느 정도 지저분해졌는지 확인할 수 있는 확대경도 갖춰 놓았다.

경수는 호주머니에 든 예쁜 종이비누 케이스를 만지작거리며 오늘도 즐거운 마음으로 학교로 향한다.

가족 나들이

작은 바람이 하나 있다. 가까운 곳에 텃밭을 마련하고 그곳으로 나들이를 떠나 보는 일이다. 가볍게 보아 왔던 소중한 것들을 그곳에서 만나 깨침을 얻을 수 있을 거라는 믿음 때문이다. 희망을 품으며 살아갈 수 있다는 것은 행복한 일이다. 오늘보다 나은 내일이 있기에 좀 더 슬기롭게 하루를 계획할 수 있다.

며칠 전에는 도심에서 벗어나 맑은 공기로 가슴을 씻으며 여유를 누릴 수 있어 좋았다. 기다리던 선배 집 방문. 형수님은 반찬거리 대부분을 텃밭에서 길러낸다는 말을 해주었는데, 눈길을 사로잡는 것은 음식 찌꺼기를 건조 발효시킨 거름이었다. 버려지는 음식물을 퇴비로 만들면 농작물에 좋은 먹거리가 될 수 있다는 가르침을 주는 것이었다.

농사일이 이젠 추억거리가 됐지만 퇴비는 농작물 재배에 없어서는 안 될 중요한 요소였다. 시간이 날 때마다 풀을 베었고 제대로 썩히면 한 해 농사는 걱정하지 않아도 되었다. 당시 시골 생활에서 의미 없이 버려지는 것은 찾아보기 어려웠다. 음식 찌꺼기는 가축의 먹이가 되거나 헛간에 쌓여 거름으로 태어났다.

농업 생산량은 지금보다 적었지만 유기농법 덕택에 자연이 베풀어주는 혜택은 풍성했다. 논에서 팔딱팔딱 숨쉬는 미꾸라지, 고둥, 방개 등이 개구쟁이의 친구가 되기에 충분했다. 생명력이 가득한 논밭, 건강한 삶이 가능했던 것은 자연을 이용하되 순리를 거스르지 않는 마음의 눈이 있었기 때문이리라.

경제적으로 어려운 시절이었지만 고구마 한 개라도 나눠 먹을 수 있었던 그때가 그리워지는 것은 왜일까. '썩을 수 있는 모든 것은 거름이 될 수 있다'는 자연의 섭리를 음미하면서 친환경 생활상을 그려 본다.

일요일 이른 아침, 흥겨운 풍경이 눈앞에 펼쳐진다. '텃밭 가꾸기' 가족 나들이 날이 밝아온 것이다. 가족 모두 농사일에 필요한 것들을 챙기기에 바쁘다. 서두르지 않으면 파종 시기를 놓칠 수 있다. 오늘은 거름과 씨앗을 챙겨 가야 한다. 농장 주인 K형의 노력으로 텃밭 가꾸기에 참여하는 가족들이 늘고 있다는 반가운 소식이 들리기에 발걸음이 가볍다.

농산물 직거래 장터에서 만나 인연을 맺게 된 K형. 무공해 농산물을 재배해 우리네 식탁을 알차게 하면서 텃밭 가꾸기 운동으로 친환경 식생활 문화를 전파하고 있는 신지식인이다. 땅이 살아 있어야 먹거리도 안전하게 얻을 수 있다는 믿음에 지금의 일을 시작했다고 한다.

텃밭 가꾸기는 작물 재배 이상의 의미를 지니고 있다는 K형. 텃밭을 통하면 사람과 사람, 사람과 자연의 교류와 소통도 어렵지 않다는 말이 가슴에 와 닿는다. 이웃한 텃밭의 잡초를 뽑고 작물에 거름까지 주는 아름다운 얼굴을 자주 만나는 것은 분명 기쁜 일이다.

'K형에게. 그동안 잘 지내셨는지요. 저희는 건강하게 잘 있습니다. 지난 일요일 텃밭에 씨앗을 넣고 왔는데, 싹이 텄는지 모르겠군요. 형이 텃밭을 살펴 주니 든든합니다만 일손을 더하지 못해 죄송할 따름입니다. 주말이 빨리 됐으면 좋겠습니다. '텃밭 가꾸기'는 저희에게 커다란 기쁨이 되고 있습니다. 아이들은 거름을 한 텃밭에서 상추, 배추 등이 자라나는 것을 보고 신기해합니다. 저희에게 베풀어주신 은혜는 잊지 못할 것입니다. 도시민과 더불어 건강한 식탁을 만들고 싶다는 형의 말은 큰 깨침으로 다가옵니다. 음식물 쓰레기가 거름으로 아름다운 변신을 하고 있습니다. 농촌과 도시는 하나라는 인식이 확산되고 있습니다. 농촌이 건강해야 우리의 식탁이 활기에 넘친다는 사실에 마음의 눈을 틔워 가는 것이라 생각됩니다. 나들이를 떠나 가방 가득히 선물을 담아 올 수 있는 날이 많아지기를 기대해 봅니다. 형의 따스한 손길이 계속 이어지기를 빌어 봅니다. 건강하세요. 후배 올림.'

가을기행과 추억 만들기

다른 도에 위치한 명산을 저 멀리 두고 바라볼 수만은 없다. 산악회가 활성화돼 있는 요즘, 마음만 먹으면 많은 것 들이지 않고도 국내 유명 산을 두루 완상할 수 있다.

산행 경험을 풍부히 가진 사람들과 함께 떠나는 가을여행은 '산사람들'의 풋풋한 인정을 느낄 수 있어 좋다. 가을이 무르익어 가는 이즈음, 명산의 기품과 어우러진 산사의 멋스러움에 다시 한 번 빠져 들고 싶다. 하늘이 무한정 그 깊이를 더해 가는 듯한 계절, 충남 계룡산 갑사와 경남 가야산 홍류동 계곡의 단풍이 하늘하늘 매혹의 손길을 뻗쳐 오는 듯하다.

충남 계룡산(갑사). 말로만 들어오던 유명 산과 사찰을 가까이 할 수 있다는 생각에 출발 전부터 즐거운 마음이 인다. S산악회 회원들 틈에 끼어 우리 일행 3명은 버스에 올랐다. 매달 첫 번째 일요일이 S산악회 회원들의 정기 산행일. 초면인데도 따뜻이 반겨 주는 회원들의 마음 씀씀이가 산의 여유로움을 닮아 있다. 산행이 즐겁고 뭇사람과의 어울림이 좋아 모인 사람들. 삶의 구김살은 전혀 보이지 않는다. 젊은이들 못지않게 산행을 즐기며 열정적으로 살아가는 어르신들의 모습이 존경스럽다.

계룡산은 산행 길이 험하지 않아 진주의 월아산처럼 친근감이 드는 산이다. 산행할 엄두를 못 내게 하거나 산행 후 지쳐 녹초가 되게 하는 위압적인 산과는 거리가 멀다. 쉽게 오를 수 있고 산행의 묘미를 아기자기하게 느낄 수 있는 포근한 곳이다.

신원사 쪽에서 연천봉으로 오르는 데는 1시간 20분 정도 걸린다. 완만한 산길이 많아 가족단위 등산지로도 좋아 보인다. 신원사에서 출발, 주위 풍광을 감상하며 천천히 올라도 두 시간 내에 갑사로 가는 중간 지점인 연천봉에 이를 수 있다. 연천봉에 서면 아래쪽 저 멀리 갑사를 아늑하게 품고 있는 형형색색 나무들이 한눈에 들어온다. 한 폭의 그림을 보는 듯한데, 무념무상(無念無想)의 공간이 따로 있는 것 같지 않다. 울창한 나무들 사이를 걸으며 삶의 고단함을 훌훌 털어 버리고 마음자리를 다질 수 있어 가을산행은 역시 좋다.

연천봉에서 '계룡산 도인'을 만났다. 부동자세. 몇 시간째인지는 알 수 없으나 우리 일행이 도착해 떠날 때까지도 명상 삼매경의 끈을 놓지 않는다. 꼿꼿이 앉아 안으로 안으로 침잠하는 모습에서 보통사람이 침범치 못할 신비로움이 느껴진다.

서울에서 왔다는 생면부지의 한 부부가 마실 물을 청한다. 식(食) 후라 갈증이 심했던 모양이다. 가방 속 과일까지 먹어 보라며 산악회 회원들은 마음을 풀어놓는다. 산에 오르면 산의 넉넉한 기품을 닮아 가는 듯해서 산행은 누구에게나 권할 만하다. 산을 오르고, 또 오르고자 하는 것은 '산이 거기에 있기 때문'이기도 하려니와 뭇사람과의 만남에서 소중한 것들을 얻을 수도 있기 때문이리라.

단풍과 어우러지며 시나브로 익어 가는 갑사의 감은 인상적이다. 등산객들 원색의 옷차림이 더해져 색채의 향연이 펼쳐진다. 화려한 어울림이다. 저마다의 색깔을 온전히 띨수록 절묘한 조화가 가능해짐을 절감할 수 있다.

"오-매 단풍 들것네" / 장광에 골붉은 감잎 날아와 / 누이는 놀란 듯이 치어다보며 / "오-매 단풍 들것네" / … / 바람이 잦이어서 걱정이리 / 누이의 마음아 나를 보아라 / "오-매 단풍 들것네"

(김영랑의 시 '오- 매 단풍 들것네' 中)

홍시(紅柹)는 초겨울까지 지속되는 기다림이다. 하늘이 깊어지는 만큼 그리움의 정서도 농도를 더해 간다. 빨갛게 익어 간다. 어릴 적 누나의 등에 업혀 올려다보던 아련한 추억이 주렁주렁 감나무에 달려 있다.

계룡산 갑사의 가을 풍경이 회화적이라면 합천 해인사의 그것은 다분히 시적이다. 고운 최치원이 시심(詩心)을 달래고 바둑을 두었다는 '농산정'과 시를 새겨 놓은 큰 바위가 홍류동 계곡에 있는 이유를 알만도 하다.

88고속도로 해인사 나들목에서 빠져 나와 우회전, 해인사 방향으로 달리면 노랗게 물든 은행나무가 먼저 길손을 반긴다. 도로 좌우로 노란 비단 천을 걸어 놓은 듯 아름다운데, 1㎞ 이상 이어지는 은행잎의 군무가 온 세상을 노랗게 물들일 것도 같다. 핑동그르르 떨어지는 단풍잎 사이로 달리는 감홍도 예사롭지 않다. 꽃인가, 나비인가. 노란 꽃이 마구 피어 날아다니는 듯하다.

가야산 국립공원 입구에서 해인사까지 이르는 십리 계곡. 맑은 물이 단풍 숲에 물들어 붉은 빛을 띠고 있다. 주위 송림 사이로 흐르는 물이 기암괴석에 부딪쳐 내는 소리가 세차다. 홍류동 계곡은 우선 사계절 물소리가 맑고 우렁차 발길을 붙잡는 곳이다. 지금까지 수십 번 이상 오고 갔지만 볼 때마다 새로운 아름다움을 선사하곤 한다. 계곡을 따라 오른 뒤에는 해인사 경내를 돌며 세속에 찌든 심신을 맑혀 보는 것도 좋을 것이다.

구원1구 마을을 지나면 본격적인 홍류동 계곡의 단풍 감상이 시작된다. 차를 타고 가며 붉노란 색의 향연을 즐기는 것도 좋겠지만, 빈터에 차를 세워두고 계곡을 향해 서면 바로 그곳이 단풍 감상의 적격지이다. 주차할 수 있는 공간이 몇 곳 마련돼 있다.

계곡으로 내려가 물을 내려다보니 명경지수(明鏡止水)란 이곳을 두고 하는 말인 것 같다. 오염의 흔적은 찾아 볼 수 없다. 진홍빛 단풍으로 치장된 계곡은 관광포스터에 등장하는 한국의 비경 사진을 보는 듯 눈길을 사로잡는다. 오후 느지막한 시간인데도 계곡을 오르내리며 카메라 셔터를 누르느라 여념이 없는 사진작가를 만날 수 있었다. "마음에 드는 사진을 아직 못 찍어 동분서주하고 있으니 좋은 곳이 있으면 가르쳐 달라"는 우리 일행의 부탁에 "자기는 그럴 만한 자신이 없다"며 빙그레 웃어 보인다. 미소가 단풍을 닮아 있었다.

가야산과 인근 남산 제일봉에서 흘러내리는 계류에 마음의 때를 씻고 단풍을 감상하기에 안성맞춤인 곳이 홍류동 계곡이다. 시간이 된다면 구원1구 들머리에 있는 자연 속 예술공간인 산정갤러리에 들러 예술의 향취에 빠져 보는 것도 가을날 추억 만들기에 한몫할 것이다.

타이완(臺灣)과 만난 3일

김兄에게. 니 하오 마(안녕하세요)? 저는 타이완에서 여행안내 일을 하는 등대강(滕大强)입니다. 김兄 일행이 타이완을 방문할 거라는 연락을 받았습니다. 정말 반갑고 환영합니다. 다른 한편으론 잘 모실 수 있을지 염려가 되기도 합니다만 어쨌든 최선을 다하도록 하겠습니다.

현재 타이완에서 일을 하고 있지만 제가 태어난 곳은 인천입니다. 20세 때까지 한국에서 살았습니다. 어머니는 아직 경기 안양에 살고 계십니다. 그래서 고국 분들을 모신다고 생각하면 언제나 마음이 설렙니다.

이번에 타이완을 방문하는 사람은 2005년도 한국어문상 수상자들과 관계자들이라고 들었습니다. 수상을 축하하며 의미 있는 여행이 되기를 빌겠습니다. 말로 먹고 사는 저로서는 말글에 조예가 깊은 분들과 3일 동안 지낸다고 생각하니 조심스러워집니다.

여행이란 마음의 눈을 넓히는 소중한 시간을 갖는 거라고 말합니다. 아는 것만큼 보이고, 알고 나면 전보다 마음의 눈이 분명 달라질 것으로 확신합니다. 첫째 날은 국립고궁박물관, 충렬사, 중정기념관, 용산사를 관람하게 됩니다. 둘째 날은 국립야류해양공원, 양명산 온천 관광을 하고, 마지막 3일째는 아미족 민속춤과 태로각협곡 등을 구경하게 됩니다.

사흘이라는 짧은 기간이지만 타이완이 간직한 신비스러운 자연과 그 속에 안겨 살아가는 사람들의 이모저모를 살펴보시기 바랍니다. 귀국 비행기에 오를 땐 오래 남을 추억을 가방 가득 담아 가실 수 있을 것입니다. 김兄, 빨리 보고 싶군요.

타이베이(臺北)에서 등대강 올림.

사람의 향기

21일 첫 방문지인 국립고궁박물관 관람을 마치고 나오니 파룬궁 수련자들이 바닥에 앉은 채 미동도 하지 않고 수련에 열중하고 있다. 전혀 생각지도 못한 일을 목격한 것이다. 한 쪽에서는 중국 공안당국의 부당한 탄압을 알리는 유인물을 관광객들에게 돌리는 수련자들도 눈에 띈다. 이곳 타이완에서 파룬궁 수련자들을 만나다니, 그동안 머릿속에 맴돌던 파룬궁에 대한 관념들이 구체적인 현실이 되어 눈앞에 펼쳐진다.

파룬궁에 대해서는 한국에서 소식을 접한 바가 있어 낯설지는 않았다. 서울지하철 역내에 붙어 있는 '중국 공안당국이 파룬궁 수련자를 탄압한다'는 유인물을 읽었기 때문이다. 공산당원이 5,000만 명인 데 비해 파룬궁 수련자는 1억 명이 넘는다고 한다. 외국인들이 많이 찾고 중국 선조의 숨결이 배어 있는 국립고궁박물관 앞에서 그들은 무엇을 알리려 하는 것일까? 그들에게서 쉬 사그라지지 않을 기운을 느꼈다면 지나친 표현일까.

오후에 찾아간 충렬사는 국민혁명과 대일전쟁 중 전사한 33만 명의 영령을 모신 사당이었다. 건물은 우리나라의 현충사나 독립기념관과 비슷했다. 단연 눈길을 잡아끄는 것은 정문과 본관 앞을 지키고 있는 위병(衛兵)들이었다. 흰색 제복에 총을 내려 잡고 부동자세로 서 있는 모습이 신기했다. 움직임이 전혀 없어 살아 있는 것 같지 않았다. 바로 옆에서 카메라 플래시가 터지거나 관람객이 객기로 내지르는 '충성' 소리에도 꿈쩍하지 않는다. 정말 손으로 한번 밀쳐보고 싶은 마음이 강하게 일었지만 참아야 했다. 1시간 동안 꼼짝하지 않고 자리를 지키고 있어야 한다니 군인 정신이 아니라면 불가능할 것 같았다.

오후 정각 4시. 정문에서 본관에 이르는 약 100미터 거리에서 위병 교대식이 벌어졌다. 흥미 있는 또 다른 볼거리를 제공하고 있었는데, 느릿느릿하면서도 절도 있는 동작이 눈길을 끌기에 충분했다. 양쪽에서 카메라 플래시가 연이어 터진다. 아주 완벽한 동작으로 진행되는 교대식을 보니 한 편의 영화를 감상하는 듯하다. 한편으론 그것이 끊임없는 훈련과 인내의 결과로 가능해진 일이겠거니 생각하니 그들이 조금은 측은해지기도 했다.

온전히 한 사람을 위한 건물로서 이보다 더 큰 것이 있을까? 장제스(蔣介石)에 대한 타이완 국민의 마음을 오롯이 보여주는 것이 중정기념당이다. 이 건물은 1975년 장제스 총통이 죽자 타이완 국내외 인사들이 고인이 남긴 위업을 기리기 위해 너나없이 헌금을 모으고 3년 간의 공사 끝에 완공한 것이다.

장총통기념실에 진열하고 있는 물품들은 장 총통이 생시에 사용했던 것과 서적 등으로 그의 검소한 생활상을 보여주고 있다. 1층 전시실에는 박정희 대통령과 장 총통이 대담하는 사진도 걸려 있어 일행의 눈길을 끌었다. 1층에서 2층까지 계단은 모두 89개, 이는 고인의 나이를 나타낸다고 한다. 건물에 쏟은 타이완 국민의 섬세한 손길을 느낄 수 있는 부분이다. 정문 양쪽에는 중국 고유 건축의 멋을 살린 국립극장과 국립음악당이 위치하고 있다. 국립음악당에서는 우리나라 성악가 조수미씨가 공연을 했었다고 가이드가 설명을 덧붙여 준다. 초여름 날씨지만 선선한 바람이 간간이 부는 가운데 국립음악당 뒤로 펼쳐진 타이베이시의 야경이 아름답게 다가온다.

23일 타이완의 수도 타이베이(臺北)에서 기차로 2시간 30분쯤 달려 화롄(花蓮)에 도착했다. 이곳에는 타이완 원주민인 아미족이 살고 있다. 화롄 시내에서 2킬로미터 정도 떨어진 '아미족 문화촌'. 이곳에서 아미족이 관광객을 위해 정기적으로 공연을 한다. 아미족은 까무잡잡한 피부에 작은 체구를 하고 있었는데, 개중에는 오뚝한 콧날을 가진 네덜란드 혼혈인도 보였다. 그들은 거의가 조상 대대로 학교 공부를 거부한 채 자유롭게 살고 있다고 한다. 민속춤과 쇼는 그다지 화려하지 않았다. 포크댄스와 비슷한 동작이 주를 이루었고, 아미족 생활을 묘사한 춤과 막대기 춤, 그리고 그들의 결혼 풍습을 연출한 것이었다. 관광객들도 함께 참가해 민속춤을 즐길 수 있었는데, 얼떨결에 끌려 나간 관광객은 어떻게 할지를 몰라 난감해했다. 민속춤 중간에 외국관광객을 위해 각국의 노래를 불러주기도 했다. 우리가요 '돌아와요 부산항에'가 한국말로 불릴 때는 왠지 모르게 눈물이 나올 것만 같았는데, 천장을 올려다보며 아무렇지도 않은 척해야 했다.

신비스러운 자연

22일 새벽에 비가 내려 걱정했지만 다행스럽게 아침나절엔 비가 멈춘다. 오늘은 해변의 아름다움을 찾아 길을 나설 것이다. 야류해양공원은 타이베이 도심에서 북쪽으로 약 1시간 거리에 위치하고 있다. 그곳에 도착하니 바닷바람이 신선하게 불어온다. 본격적인 해양공원 관람에 앞서 미리 만들어 놓은 영상을 보며 이해를 도왔다. 하지만 한국어 설명이 나오는데, 현지인이 번역해 녹음을 했는지 표현이 딱딱하고 우리 어법에 맞지 않는 게 많아 귀에 거슬렸다.

타이완 북부 유일의 해안 자연공원인 야류에는 파도의 침식으로 생성된 기암괴석이 많으며 그 이름 또한 각양각색이다. 거대한 계란 모양의 바위가 이곳저곳에 수없이 흩어져 있고, 슬리퍼 모양의 바위를 비롯하여 여왕머리, 바둑판 바위 등 한마디로 기암괴석의 전시장이라 할 만했다. 이곳에서 맛보는 색다른 즐거움은 산을 오르는 것이다. 바다와 어우러진 산. 바다와 접해 깎아지른 듯한 절벽을 왼쪽으로 끼고 오르는 산길이 정상까지 이어져 있다. 길옆으로 아열대식물이 우거져 있고 산새 소리가 간간이 들릴 뿐 정말 호젓했다. 산을 오르내리는 데 30여 분, 땀이 옷에 살짝 밸 정도로 기분 좋은 산책길이었다. 우리 일행 중 4명만이 산이 주는 즐거움을 만끽할 수 있었다.

야류해양공원을 구경한 후 양명산 온천을 찾았다. 해발 433미터 높이의 산에 온천이 있다니 믿기지 않는다. 온천에 가까워져 가니 흡사 계란 썩는 듯한 냄새가 나기 시작한다. 유황에서 풍기는 특이한 냄새다. 온천욕을 한 후 귀국하면 아내가 3, 4년은 젊게 볼 것이라는 가이드의 설명이 있자 차안에는 때 아닌 웃음꽃이 만발한다. 타이완의 고지대 유황 온천을 찾으니 괜히 마음이 설렌다. 온천욕을 한 후에 피부가 보드라워졌으면 하는 바람도 해본다.

효험을 좀 봤으면 좋겠다. 노천탕에서 온천욕을 하기는 난생 처음이다. 비가 오락가락 내리는 가운데 즐기는 온천욕도 나름대로 운치가 있다. 별천지가 따로 있지 않는 것 같다. 주위에서 들려오는 한국말 말말. 탕 안에 있는 사람들 대부분이 한국 관광객인 것 같다. 그래서 그런지 서울의 어느 목욕탕에 와 있는 것 같은 착각을 불러일으킨다. 학생들도 제법 많이 눈에 띈다. 친구끼리 여행을 온 것일까, 아니면 가족과 함께 여행을 온 것일까?

23일 아미족 민속춤과 쇼를 관람한 후 버스는 태로각협곡으로 향한다. 안개가 낀 날이면 버스로 태로각협곡 주변 관광지를 순회하는 데 무려 8시간이 걸린다고 한다. 화롄에 위치한 태로각협곡은 타이완 관광 제1의 명소라 할 만했다. 직접 보지 않고는 그 신비스러움의 1%도 알 수 없을 듯한 곳이 태로각협곡이 아닌가 생각해 본다. 대리석이 침식돼 생긴 계곡에 우뚝 솟은 단애절벽이 20킬로미터나 이어져 장관을 이룬다. 입이 저절로 쩍 벌어진다. 차를 타고 내리면서 장춘사, 연자구, 구곡동 등을 차례로 구경하게 된다. 자연의 신비로움에 경외감이 들 정도다. 송강 정철이 '관동별곡'에서 금강산 봉우리의 다양함과 아름다움을 두고 '조물주가 정말 야단스럽다'고 했는데, 이곳이 바로 그런 경지가 아닐까 싶었다.

협곡을 타고 내리는 폭포와 인디언 추장 얼굴, 하늘로 오르는 물고기 모양 등을 한 기암괴석이 절경을 이루고 있다. 하늘을 찌를 듯 치솟은 산 사이로 좁은 길이 이어지고 수백 미터 아래로 흐르는 물 위에는 대리석 기둥이 솟아 있다. 바로 눈앞에 보이는 계곡 대리석 기둥이 보기보다는 상당히 멀리 떨어져 있어 돌을 던져도 맞히기 어렵다는 가이드의 설명이 들린다. 손을 뻗으면 닿을 듯한데, 말도 안 된다. 믿기지 않으면 돌을 던져 보란다. 착시 현상. 대자연의 신비 앞에서 인간은 작은 존재일 수밖에 없는가 보다.

타이완의 전통문화

타이완을 방문하는 첫날(21일) 첫 방문지로 국립고궁박물관을 찾았다. 타이베이 시내에 위치한 이곳에서는 다양하고 정교한 중국 문화와 만날 수 있다.

박물관을 찾으니 우선 현란한 색상으로 건립된 건물이 감탄을 자아내었고 뒤이어 진기한 전시품에 매료되었다. 역대 중국 왕조들의 재력과 지혜에 감탄을 금할 수 없다. 교과서에 나와 있는 지식으론 상상할 수 없는 중국의 역사를 한자리에서 배울 수 있는 곳이 바로 고궁박물관이 아닌가 싶다. 일본인들이 정교하고 세밀한 작업에 뛰어나다지만 이곳에서 발견할 수 있는 것은 중국인들도 그에 못지않다는 사실이다. 정밀함의 극치를 보여주는 걸작들이 고궁박물관 안에는 즐비하다. 1시간 남짓 수박 겉핥기식으로 전시품들을 관람했지만 소장돼 있는 작품을 제대로 감상하려면 한 달은 족히 걸릴 듯하다.

타이베이 시내 숙소 근처에 위치한 용산사(龍山寺)는 첫날 저녁에 홀가분한 마음으로 찾은 곳이다. 중국인들은 종교에 관대해 도교와 불교, 그리고 다른 많은 신을 하나의 사원에 같이 모신다고 한다. 용산사도 예외가 아니었다. 관음, 마조, 관공 등 각종 신들을 참배하기 위해 사람들이 북적대고 있었다.

사찰에는 나이 든 어른들이 많이 찾을 것으로 생각했는데, 꼭 그렇지만은 않았다. 젊은이들도 눈에 많이 띄었다. 향불을 피우며 남녀노소가 기도를 하느라고 여념이 없다. 향불 7개를 손에 쥐고 이곳저곳을 돌며 기도를 올린다. 시끌벅적하다. 연기가 사방으로 퍼져 경내가 자욱하다. 무슨 소원을 빌고 있을까? 우리 일행 모두의 수복강녕(壽福康寧)을 빌어본다. 신에게 올리는 향불은 사야 하는데, 값은 치르지 않아도 상관없다고 한다. 하지만 정성을 바치는 데 빈손이랴. 용산사 내에서 누군가 향불 장사를 해서 번 돈으로 노후한 사찰 건물을 개축해 기증했다고 하니 물질을 넘어서는 고결한 정신을 생각하게 한다.

현지인 생활 엿보기

타이베이 시내 도로 옆에 위치한 건물은 특이한 모양새를 하고 있다. 인도 위를 건물 처마가 덮고 있다. 가이드의 설명에 따르면 행인들이 비를 피할 수 있게 그렇게 지었다는 것이다. 가만히 살펴보니 도로 옆 모든 건물이 다 그렇다. 비가 갑자기 내리는 아열대기후 환경에 맞게 건축물을 변화시킨 것이리라. 이런 곳에서라면 우산 없이도 비 맞지 않고 목적지까지 갈 수 있을 것 같았다.

타이완 국민이 가장 애용하는 교통수단은 소형 오토바이다. 출퇴근 시간이 되니 도로는 오토바이 천지가 되었다. 경남·북과 제주도를 합한 면적의 타이완에서 오토바이 애용은 심각한 교통체증을 극복하기 위한 하나의 대안으로 나온 것이라 한다. 남녀 구분 없이 오토바이 타기가 생활화돼 있는 것 같다. 1,400만 대의 오토바이가 보급돼 있다고 하니 엄청난 양이다. 타이완 국민은 안전의식이 우리보다는 높은 것 같았다. 안전모를 쓰지 않고 오토바이를 타는 사람은 찾아볼 수 없었기 때문이다. 교통법규를 엄격하게 적용한 결과일 것이다.

편리한 생활을 추구하는 것은 세계 공통의 현상이다. 타이완 사람도 예외는 아니었다. 건널목을 건널 때 꼭 보게 되는 것은 녹색 보행신호등 위쪽에 표시되는 숫자다. 건널목이 긴 경우 62초부터, 건널목이 짧으면 32초부터 표시된다. 도로를 건너는 데 유용했다. 우리나라에서도 몇 년 전부터 이것을 시행한 것으로 아는데, 널리 확산이 안 되는 것 같아 아쉽다.

용산사 근처에 있는 야시장은 지역 주민과 관광객으로 붐비는 곳이다. 밤에 본격적으로 장이 서기 때문에 야(夜)시장이라 이름이 붙은 것 같다. 해물요리점, 과일주스, 강장제, 마사지 가게 등이 즐비하다. 우리의 옛 청계천 풍경을 생각하면 된다. 타이베이에 머문 3일 동안 저녁마다 들렀던 곳이다. 그만큼 인기 있었다.

23일 저녁 야시장. 마지막 밤을 화려하게 보내자며 모인 일행 12명이 나들이에 나섰다. 어느 일식 포장마차에서 '파도타기'를 시작했는데, 순식간에 정종 2병이 스러졌다. 가게 주인은 놀라워하며 추가로 주문한 정종 1병을 구하느라 동분서주했다. 잔술을 파는 곳이라 하루에 정종 1병도 팔기 어려울 텐데, 단박에 3병을 팔아치우다니…. 주인은 '이런 횡재도 있구나' 하며 쾌재를 불렀으리라. 이어지는 파도타기에 시간은 두둥실 밤을 타고 흘러갔다.

등兄에게. 사흘 동안 저희들을 위해 애써 줘 정말 고맙습니다. 짧은 만남이었지만 등兄의 친절한 안내로 알찬 해외여행이 된 것 같습니다. 국립고궁박물관이나 용산사에서 보여준 모습은 뭇사람의 감탄을 자아내기에 충분했습니다. 고궁박물관 전시실 유물들을 관람할 땐 등兄의 설명이 빛을 발해 다른 팀의 관광객들이 우리를 따라다니며 설명을 들을 정도였습니다. 향불 연기가 사방을 뒤덮은 용산사에서 분주히 움직이며 하나라도 더 설명하려는 등兄의 모습에서 프로다운 여행 안내자의 면모를 실감할 수 있었습니다.

정말 쏜살같이 지나가 버린 3일이었지만 타이완의 이모저모를 재미나게 구경하고 많은 것을 느낄 수 있었던 시간이었습니다. 등兄이 들려준 풋풋한 이야기는 오래도록 제 머릿속에 남아 있을 것입니다.

한 가지 아쉬운 점은 여행 기간에 등兄과 술을 한잔 못했다는 것입니다. 오후 늦게 하루의 일정이 끝나기에 차마 청을 하지 못했습니다. 서운했다면 너그러이 이해해 주기를 바랍니다. 다음에 또 만날 날이 있을 것이기 때문입니다. 앞으로도 계속 아름다운 얼굴로 한국과 타이완의 가교 역할을 해주기를 기원합니다. 몸 건강히 안녕히 계십시오. 서울에서 김웅식 올림.

서예대전 유감

지명도 있는 도 서예대전에서 원작품 내용과는 다른 오자(誤字)가 두 번이나 발견돼 대상 작품과 우수상 후보작이 취소되는 해프닝을 가까이에서 지켜본 적이 있다.

수작(秀作)으로 간주되는 작품에서 오자가 발견되는 상식 이하의 일이 출품자나 심사위원들의 단순 실수나 일회성 착각으로 발생한 것이 아니기에, 공모전 자체의 무용론과 더불어 심사위원들의 의식, 출품자들 자세에 근본적인 변화가 있어야 한다는 지적이 타당해 보인다.

도 서예대전의 경우 도내 예술인들이 자웅을 겨루며 상호 발전을 도모할 수 있는 축제와 화합의 장이 돼야 한다. '짜고 치는 고스톱'이라는 질타를 감수하면서까지 몇몇 운영·심사위원이 좌우하는 '갈라 먹기식 행사'로 전락한다면 공모전 본래의 취지가 퇴색될 것은 명약관화하다.

'밀어주고 끌어주기식' 공모전 심사행태라면 출품자들이 서예인의 지난(至難)한 길은 멀리하고, 설익은 재주로 명리를 탐하는 방법과 기술에만 연연할 것은 불을 보듯 뻔하다. 알게 모르게 벌어지는 심사의 불공정이 진정한 서예인의 자세를 희석시켜 왔다는 점은 이미 알려진 사실이다.

서예작품 오자파문은 그 이면에 퍼져 있는, 공모전 심사와 관련한 폐단의 한 징후를 드러낸 것이기에 심각성을 더하고 있다. 서예협회 집행부에 줄만 제대로 대면 출품작의 예술적 오호(惡好)와는 상관없이 큰 상을 거머쥘 수 있다는 생각. 이는 출품자들의 한순간 공상(空想)으로 그치는 것이 아니라 실현 가능한 발상이었음을 그동안의 공모전 심사결과를 통해 알 수 있다.

도 서예대전의 오자파문은 한마디로 출품자와 심사위원들이 빚어낸 합작품이라 해도 과언이 아니다. 원 작품 내용의 파악과 음미는 출품자의 기본 중의 기본이다. 그것이 선행되지 않을 때, 오자파문이 계속 일어날 개연성은 충분하다는 지적도 만만치 않다. 서예술의 정도(正道)는 소홀한 채, 지명도와 기득권을 획득한 일부 작가의 특정 서체의 모사(模寫) 반복으로 내놓은 작품이라면, 더욱이 그 작품이 심사 이전의 사전조율로 대상, 우수상의 영광을 입는다면 공모전 발전은 기대할 수 없다.

오자파문 해프닝을 사전에 막을 수 있는 방안으로 특선 이상 후보작의 내용을 검증할 수 있는 전문가의 심사참여를 생각해 볼 수도 있으나, 그렇게 하더라도 근본적인 해결책은 되지 않는다는 것이 지배적인 여론이다. 심사위원들의 심사숙고와 의식전환, 출품자들의 자세변화 없이는 오자 해프닝은 계속될 것이라는 지적도 있다.

'사람 흉내를 내는 앵무새 말을 훌륭한 언어라고 말하지 않는다'는 사실을 다시 한 번 음미해 봐야 할 것이다.

서예인 원兄에게

존경하는 서예인 원兄. 몸 건강히 잘 계신지요. 이렇게 소식을 전한 지도 몇 년이 흘렀군요. 형이 펼치는 작품활동과 알찬 성과는 언론매체를 통해 보고 들어 잘 알고 있습니다. 지금 수준에 만족하지 않고 더 나은 경지를 향해 전력투구하는 형의 모습에서 사람살이의 정도를 배웁니다.

이번 도 미술대전 서예부문 대상작 오자파문 소식은 형도 알고 계시리라 봅니다. 상식이하의 해프닝이 일어난 것에 실망감을 느낍니다. 공모전 출품자의 자질과 자세, 작품 심사과정의 문제점을 노출한 것으로, 부끄러운 일이지요. 개인적으론 이번에 처음 도 미술대전 작품 심사과정을 지켜볼 수 있었습니다. 결론적으로 문제작품을 출품한 서예인과 서예부문 심사위원 모두가 기본을 무시하고 있었음에 틀림없습니다.

'기본이 안 된 작품은 최소한의 가치도 가질 수 없다'는 형의 말씀은 지금도 마음 속 깊이 새기고 있습니다. 몇 년 전 대학원 시절. 학위논문 심사 과정에서 겪어야 했던 얼굴 화끈거림을 잊을 수 없습니다. 글의 기본이 안 된 논문은 학문적 성과가 있을지라도 통과시킬 수 없다는 심사위원들의 말이었습니다. 심사에 들어가 몇 분 만에 퇴짜를 맞아야 했던 야속함. 하지만, 하지만 그때가 그립습니다. 스승들의 꾸지람이 제 마음 속 채찍질이 돼 주고 있기 때문입니다.

이번 도 미술대전 서예부문 심사에서 오자가 있는 작품을 대상작으로 선정한 것을 보면서 기본의 중요함을 새삼 절감합니다. 실망스러운 것은 1차 심사를 통해 입선작들을 가려내고, 2차 심사에서 대상과 우수상, 특선 등을 선정하게 돼 시간상으로 기본이 안 된 수준 이하 작품을 대상작으로 선정하는 상식 이하의 해프닝은 미연에 방지할 수 있었다는 데 있습니다.

공모전 출품에 임하는 일부 서예인들의 자질과 자세에 문제가 있음을 의심하지 않을 수도 없습니다. 습작이 아닌 지명도 있는 공모전 출품작일 경우, 원작품의 내용파악 정도는 기본 중의 기본입니다. 작품 내용은 소홀한 채, 서체 다듬기에만 몰두하는 서예인이라면 설령 입상의 영광을 입는다 하더라도 작가의 생명은 길지 않을 것입니다.

심사의 기본인 작품내용 검증을 소홀히 한 심사위원들도 흐리멍덩한 생각을 갖고 있었음에 틀림없습니다. 혹여 심사위원을 선정할 때 심사능력 외의 것을 고려했다면 큰 문제입니다. 그런 사전작업은 없었을 것으로 믿고 싶습니다. 공모전 위상 향상과 발전을 도모하려면 심사과정이 투명해야 할 뿐만 아니라, 오자가 있는 문제작품을 대상작으로 뽑는 우를 범하지 말아야 합니다.

원兄, 넋두리가 좀 길었죠. 다시 뵈올 때까지 건강하시길 빕니다.

담장벽화 예찬

남강 둔치는 지역민의 자랑거리이자 문화예술·체육 활동이 숨쉬는 공간이다. 이른 아침 건강을 다지는 사람들을 만나면 하루가 분명 즐거워질 수 있다. 문화예술의 도시에 사는 것을 복덕이라 여기는 것은 혼자만의 공상은 아닐 것이다. 어린 시절을 시골에서 보낸 터라 남강과 어우러진 도시의 모습에서 또 다른 즐거움을 누릴 수 있어 좋다.

사람의 욕심에는 끝이 없는 것일까. 강둑에서 바라보는 도로변 건물 담장이 지저분하기 짝이 없다. 가슴 한 쪽을 턱 가로막는 것이 답답하기도 하다. 콘크리트 벽이 길게 버티고 있는 것이 수명 다한 스크린을 연상케 해 싫다. 뭔가 새로운 시도를 해볼 시점이 아닌가 생각해 본다.

몇 해 전 경북 김천시를 방문한 적이 있었는데, 도로변 담장 곳곳에 다양한 그림들을 선보이고 있어 아주 인상 깊었다. 무미건조하게 버티고 있었을 담장에서 예술의 향취를 맘껏 느낄 수 있어 좋았다. 많은 돈 들이지 않고도 시민들에게 그림 감상의 기회를 넓혀주면서 도시 이미지 개선 효과도 거두고 있어 배울 점이 많았다.

진작부터 담장 꾸미기를 위한 일련의 일들이 있어 온 것으로 알고 있다. 초등학교 담장이나 대교(大橋) 밑 벽 앞에 서보면 대형 그림들이 눈에 들어온다. 각 지역 파출소 담장들도 포돌이·포순이 그림으로 밝게 채색돼 있다. 생활 속 여유라 할까. 거리를 지나다 문득 발견하는 벽화 하나가 큰 위안이 될 때가 있다.

최근 남강 근처 한 주류유통업체 담장이 벽화로 단장돼 있어 지나는 사람들의 이목을 끌고 있다. 동화적인 분위기가 풍기는 것이 보는 이로 하여금 미소 짓게 한다. 특별한 감흥을 주지 못했던 담장이 이젠 시민들에게 잔잔한 감동을 주고 있는 것이다.

담장은 경계를 구분 짓거나 외부침입을 막는 역할을 하지만 공동체 의식과 삶이 강조되는 요즘에는 담장의 역할이 점차 변해가고 있다. 최근에 벌어지고 있는 담장 허물기 운동은 바로 그러한 변화의 결과물이다. 벽화그리기 작업도 담장 허물기 운동의 한 연장으로 생각해도 무리는 없을 것이다.

이젠 벽화그리기 작업을 확대해 강변도로변 담장도 밝게 단장해 본다면 이곳을 찾는 사람들에게 좋은 볼거리를 선사할 수 있을 것으로 생각된다. 도시의 관문이기도 한 이곳에 조금만 관심을 갖는다면 시 이미지 제고나 업체 알리기에도 상당한 효과를 거둘 수 있을 것이다. '변화는 신사고의 산물이다.'

‘돈’ 농협조합장

필자가 살고 있는 고향 면(面)이 며칠 간 농협조합장 선거로 어수선했다. 오늘은 선거 날. 현 조합장과 강 모 후보가 조합장 자리를 놓고 맞붙게 되었다.

선거는 축제의 장이 돼야 함은 두말할 필요조차 없다. 문제는 두 후보 가운데 한 사람이 조합장이라는 영예를 입게 될 것은 분명한데, 결과가 어떻게 나오든 앞으로 고향의 농협 조합원들은 ‘돈’ 농협조합장을 모시게 된다는 사실이다. 잔치는 설혹 무사히 끝난다 할지라도 후유증이 남을 것은 명약관화하다. 그야말로 돈·돈·돈 선거였기 때문이다.

두 후보 모두 적지 않은 돈을 쏟아붓고 있다는 말들이 오간다. 이번 조합장 선거인수는 모두 1,090명. 조합장 자리를 두고 수천 만원씩 뿌린다는 풍문이 파다하다. 돈이 동네사람들의 마음을 흔들어 놓고 있는 것이다.

단위농협 조합장 자리가 중요하고 대단해 누구든 한번쯤 탐낼 만하다는 것은 안다. 조합원들 권익향상과 조합 자산관리 등을 위해 불철주야 노력해야 하기에 상당한 능력이 요구되는, 조합원들의 손과 발, 눈 입이 돼야 하는 요직이고 잘하면 존경받는 자리이기 때문이다.

그런데 조합장이 되려는 두 후보는 조합원들에게 돈을 준다. 그리고 그 대가로 한 표를 자신에게 달라고 호소한다. 이치로 따진다면 조합원들이 일꾼인 조합장에게 수고비를 지불해야 하는 것 아닌가.

조용하던 마을에 때 아닌 돈벼락이 내렸다. 돈을 물쓰듯 해가며 조합장 자리에 앉으려는 이유는 무엇일까. 돈을 뿌린 후보의 의식수준과 자질이 의심스럽다. 돈 몇 푼으로 면민들 양심을 사겠다는 후보들의 행태, 더 이상 안 된다. 농사밖에 모르는 순박한 고향 부모님. 소 팔고, 논 팔고, 돈 되는 것 모두 팔아 자식 위해 희생해온 부모님들. 돈으로 부모님의 눈을 멀게 하겠다면, 그 부모의 자식들은 뒷짐 지지 않을 것임을 후보들은 알아야 한다.

'조합장 선거와 관련해 어떠한 경우든 금품이나 향응을 제공하는 후보는 엄정 조치하겠다.' 농협중앙회 회장이 단위농협 조합장 선거에 즈음해 보낸 메시지다. 두 후보 모두 큰 재산가는 아닌 것으로 안다. 고향 면민들은 불우이웃이 아니다. 이유 없이 돈이 뿌려졌을 리는 만무하다. 돈으로 조합장 자리를 얻고, 그 후 본전 생각을 한다면…. 상상만 해도 암울해진다.

오늘 저녁쯤이면 두 후보 가운데 한 사람이 조합장으로 결정될 것이다. 그런데 생각하면 할수록 슬퍼진다. 그것은 제대로 된 어른을 모실 수 없기 때문이다. 이젠 정말 표를 얻기 위해 돌아버린 듯한 '돈' 농협 조합장은 나오지 말아야 한다.

음식 맛의 비결

항암삼겹살까지 등장했다. 뭇사람의 관심을 모으는 것은 당연지사. 일반 삼겹살과 어떤 차이점이 있는지 모르겠으나 손님들의 관심을 끄는 데는 일단 성공한 셈이다. 영양학적으로 어떠한 우수성이 있는지의 과학적 검증 유무에 관계없이 한두 번쯤 항암삼겹살을 찾게 되니 식당주인은 손님 끌기에 어느 정도 성공한 것이 된다. 음식 하나에도 홍보와 대외적인 이미지 향상의 중요성이 입증되고 있는 것이랄 수 있다.

'정말 맛 나는 음식을 먹으려면 맛없는 것들을 찾아다녀야 한다'는 음식론의 높은 경지에 오르지는 못했지만, 일주일에 한 번씩 맛집을 연재하고 맛기행을 다니다 보면 음식 맛의 비결은 음식 자체보다도 음식을 다루는 주인의 정성과 자세에 달려 있음을 실감하게 된다. 음식 맛에 대한 너무나 평범한 진리이지만 앞으로 영원히 강조해도 지나치지 않을 것이다.

경남 사천지역 한 냉면집이 유명세를 떨친 적이 있다. 일반 냉면과는 차별화를 이뤄 손님들이 문전성시를 이뤘다. 한여름 날 바깥에서 오랜 시간을 기다리는 수고를 감수하고라도 정성껏 차려내온 냉면 한 그릇을 대하고 보면 그것은 즐거움이었다.

냉면집은 몸집을 스스로 늘려갔고 마침내는 빌딩 건물로 탈바꿈했다. 어느 모로 보나 예전 허름했던 냉면집의 흔적은 찾을 수 없게 됐다. 문제는 최신식 냉면집을 한 번쯤 찾은 사람들은 옛날 허름했던 냉면집을 그리워한다는 사실이다. 지금은 누가 음식점을 경영하고 있는지는 모르겠으나, 예전 주인이던 할머니의 손맛을 잊지 못하고 있는 것은 왜일까. 분위기 나는 번듯한 현대식 건물이지만 판에 박힌 듯 무미건조하게 차려져 나오는 냉면을 대하고 보면 예전에 가졌던 푸푸한 마음들이 가시는 것은 어쩔 수 없다.

회사 인근 한 식당은 단골손님들이 자주 찾는 곳이다. 점심시간에는 앉을자리가 없어 기다릴 정도. 흥미로운 것은 주인아주머니 혼자서 많게는 20명에 가까운 손님들을 한꺼번에 치러낸다는 사실이다. 허둥대지 않고 손님에게 내놓아야 할 것을 빼놓지 않는다. 메뉴도 다양해 한 가지 음식을 준비하려면 많은 시간이 필요한데도 짧은 시간 안에 척척 해낸다. 반찬 가짓수가 줄어들거나 음식 맛이 다른 곳에 비해 떨어지는 것도 아니다. 서너 명이 있어야 가능한 일을 혼자서 할 수 있는 것은 성실함과 철저한 준비 때문일 것이리라.

규모를 늘려 좀 더 많은 사람을 받아도 될 만한데, 주인아주머니는 지금의 식당 운영 형태를 계속 유지할 계획이란다. 돈보다도 지금의 손님들과 더불어 음식 맛을 지속적으로 지켜나가려는 아름다운 마음씨를 엿볼 수 있다. 오늘도 발길이 자연히 이곳으로 향하는 것은 개인적인 취향 때문만은 아닐 것이다.

관광버스에 웬 무도장

가을 단풍철을 맞아 산을 찾는 사람들이 부쩍 늘었다. 지역마다 산악회가 활성화돼 있어 마음만 먹으면 많은 것 들이지 않고도 명산을 두루 구경할 수 있는 요즘이다. 산사람들이 지닌 인간적인 아름다움을 짧은 시간이지만 맘껏 느낄 수 있어 산행은 몸과 마음에 이롭다.

며칠 전에 충남 계룡산 산행을 하고 왔다. S산악회 회원들의 정기산행에 끼어 모처럼만에 즐거운 시간을 가질 수 있었다. 진주에서 왕복 7시간쯤 걸리는 거리였지만 명산이 주는 멋에 빠져들 수 있어 좋았다. 하지만, 귀가하는 관광버스에서의 괴로움만 없었더라면 좋았을 것이란 생각을 지금도 지울 수 없다. 모처럼만의 나들이에 어르신들이 흥겨움을 돋우는 것은 자연스러운 일로 여겨졌다.

문제는 관광버스 좁은 통로에 마주보고 서서 춤추는 것이 아무래도 불안해 보였다. 버스가 급정거해 버리는 돌발 상황이 벌어진다면 큰 사고가 일어날 것은 명약관화했다. 그러기에 고속도로를 달리는 버스 안에서 춤추는 것은 금지돼 있고, 경찰에서도 위법행위를 철저히 단속하고 있는 것으로 알려져 있다.

관광버스 안에는 조명시설도 잘 갖춰져 있었다. 승객들의 취흥이 도도해지자 운전사는 조명을 바꿔 분위기를 더욱 돋우었다. 승객들의 요구에 마지못해 응한 것 같았는데, 혹여 모종의 사례를 생각한 서비스였다면 문제다. 쿵 쿵 거리는 음악소리에 번쩍이는 조명이 영락없는 무도장 분위기를 연출했다. 소주잔이 연신 오고 간다. 흐느적거리며 몸을 가누지 못하는 어르신도 몇 분 보인다.

개인적으로 트로트를 듣고 부르는 것을 즐기지만, 관광버스 안에서 듣는 트로트 메들리는 사람을 질리게 한다. 엄청나게 큰 스피커 볼륨 때문이다. 스피커 주위 좌석에 앉은 사람은 정말 견디기 어렵다. 음악소리를 좀 낮춰달라는 말조차 음악소리에 묻혀 들리지 않을 정도다.

산행을 즐기고 사람들과의 만남이 좋아 모인 사람들. 적지 않은 나이인데도 젊은이들 못지않게 열정적으로 움직이는 모습들이 존경스러워 보였다. 모처럼만의 나들이에 여흥이 빠질 수는 없다. 하지만, 지금의 관광버스 놀이문화는 문제가 있다. 최근 고속도로 상에서 일어나는 관광버스 사고가 대형임을 우리는 잘 알고 있기 때문이다.

승객들의 지나친 가무(歌舞)가 운전사의 안전운행을 해친다면 불행한 일을 자초할 수도 있다는 점을 명심해야 할 것이다. “나에게 즐거운 일이 남에겐 괴로운 일이 될 수도 있다는 사실을 제발 좀 알아줬으면 좋겠다”라는 산악회 한 회원의 볼멘소리가 아직도 예사로이 들리지 않는다.

가을날의 슬픈 고백

며칠 전 창녕 화왕산을 다녀왔다. 산 정상에 펼쳐진 십리 억새밭은 매력이 넘치는 곳이었다. 뭐니 뭐니 해도 찾아가는 멋이 색달라 좋았다. 화왕산은 그저 누구에게나 보여주는 것이 아니라, 1시간 정도 만만찮은 경사를 가진 일명 '환장고개' 길을 올라온 사람에게만 억새밭을 연다. 땀 흘린 연후에 탁 터지듯 펼쳐지는 억새밭 풍광, 그러므로 한결 더 장대하고 멋있어 보인다.

억새 한 포기 두 포기가 어우러져 빚어내는 풍광은 장관이다. 멀리서 바라보면 산 정상 억새밭의 진면목을 만끽할 수는 없다. 가까이 다가서야만 은빛 물결로 넘실대는 억새의 아름다움을 실감할 수 있다. 아름다운 억새 물결은 튼실하고 알찬 억새 한 그루, 한 그루가 모여 이루어진다는 평범한 진실을 외면해서는 안 된다.

달라져야 한다. 겉으로 드러나는 행태만으로 전체를 선불리 판단하는 것은 잘못이다. 전부를 보되 부분을 소홀히 해서는 안 되며, 부분을 보되 전부를 생각지 않으면 안 된다.

가을걷이가 끝난 이즈음, 어머니께서는 알곡을 고르느라 여념이 없다. 올해는 기후가 좋아 풍성한 결실을 보았다는 어머니 말씀이 반갑게 들린다. 깨, 고추, 밤, 마늘, 고구마, 팥 등을 추수해 돈 되는 것만 시장에 내다 판다. 속이 제대로 여물지 못한 쭉정이는 버린다.

"껍데기는 가라"는 어느 시인의 말이 새삼스럽지 않은 요즈음이다. 어머니도 그렇고 나도 그럴 것이다. 속이 꽉 찬 알맹이만 남고 쭉정이는 사라져야 한다.

상대방을 비방하고 조직의 발전을 가로막는 부정적인 흐름은 없어져야 한다. 발전을 담보할 수 없는 허무한 외침도 이제는 사라져야 한다. 자기만이 최고인 양하며 기득권 챙기기와 권모술수에 능한 쭉정이 같은 선배들의 행태는 이제 없어져야 하겠다.

개천예술제 기간에 소싸움을 구경할 수 있었다. 투우에 대한 편견을 씻을 수 있어 값진 시간이었다. '소 두 마리가 맞붙어 펼치는 지루한 힘겨루기의 연속이겠지'라는 생각은 잘못이었다. 왜 진작 투우장에 가보지 못했을까. 박진감 넘치는 소들의 움직임과 정정당당한 승부. 승자와 패자, 모두 깨끗하게 나고 물러서는 아름다운 모습들. 인간사에서 벌어지는 권모술수나 간교한 꾀는 찾아볼 수 없었다. 투우장에 사람들이 모이고 경기에 열광하는 이유를 알 것만 같았다.

한판 한판마다 연출되는 감동적인 승부의 파노라마. 팽팽한 긴장감 끝에 벌어지는, 정정당당하게 나고 물러나기. 어쩌면 우리들이 가져야 할 본연의 자세는 아닌지 모르겠다.

슬픈 봄의 단상(斷想)

봄비가 내린다. 메말랐던 산과 들을 적셔 주는 단비다. 오랜만에 느껴보는 청신함이 있어 좋다. 산에 오른다. 겨울 내내 흙먼지 날리던 산, 파릇파릇 솟아오를 새싹의 몸짓을 확인하고 싶다. 기대가 크면 실망도 큰 법이라고 했던가. 비가 왔다는 사실이 믿기지 않는다. 극심한 가뭄의 언저리인지라 비 내린 흔적은 금세 사라졌다.

겨우내 지녀 왔던 마음들이 허물어져 간다. 기대했던 봄은 아니다. 개구리의 힘찬 몸짓이 부럽다. 이 봄, 희망의 소리는 들을 수 없는 것인가. 봄 앓이를 하는 나 자신이 밉다.

보따리를 꾸린다, 부푼 꿈을 싸안는다. 없는 살림살이에 밍크코트를 바랄 수 있으랴. 포기한 적 이미 오래다. 줄일 수 있는 건 줄여야 된다는 굴레에 길들여온 지 수년. 시아버지는 작은아기 밥그릇이 크다며 헛기침을 한다. 작은 것으로 바꿀 수밖에 없다. 시어머니는 숟가락이 왜 그렇게 많으냐며 나무란다. 어쩔 수 없이 숟가락 하나 보따리에서 빼어 놓는다.

지금껏 문제 일으키지 않고 살아왔는데 어른들 눈 밖에 나면 큰일이다. 회사에서 쫓겨나면 참고 살아온 세월이 억울하지 않은가. 오늘 식탁에선 "어려운 살림에 입은 왜 그리 크냐"며 타박을 한다. 슬픈 봄이다. 내 것 제대로 챙겨 보지 못한 지난날이 한스럽다.

'오늘은 어둡고 힘들지만 자식의 맑은 눈동자에서 내일의 희망을 본다'는 부모님의 믿음을 새 봄을 맞으며 되새겨 봅니다.

사랑하는 부모님. 가난한 살림에도 자식을 훌륭하게 키웠습니다. 30도를 웃도는 한여름, 허리가 끊어질 듯 아파오는 고통을 물리치며 자식들 학비 마련을 위해 일하셨죠. 소 팔고, 논 팔고, 돈 되는 것 모두 팔아 등록금을 마련했습니다. 빚을 얻어서까지 뒷바라지해 준 그 은혜 무엇으로 갚으리오. 자식에게 희망을 무한히 확대해주기 위해 애쓰신 부모님의 검은 얼굴이 눈에 선합니다.

이어지는 적자로 회사에 어려움이 가중되고 있다. 목마름은 갈수록 심해진다. 경제적인 여유란 생각뿐, 어려운 생활의 연속이다. 목 죄는 갈증은 언제쯤 시원스레 풀리려나. 목마른 자 우물을 판다고 했던가. 내일은 저 멀리 버들개지에 물오르는 소리를 꼭 한 번 들어볼 일이다.

내가 기다리는 상호

경기불황이 지속되는 까닭인지 요즘 톡톡 튀는 이색 상호로 고객을 유인하는 경우가 많다. 거리에 나가보면 뭇사람의 감탄을 자아내는 상호가 한둘 아니다.

'나올땐 네발 딸꾹' 'Sul.zip 용beer천가' '書耕夜酒' 'WaBa' '친구가 함께 있어 좋은 곳' '부어라 마셔라'(술집)/ '자기야 이집소스 끝내줘' '곧 훙할분식집'(분식집) '돈(豚) 포켓미' '돈 day' '웃으면 돼지' '주거니 받거니' '소꼴 베러 가는 날'(일반음식점) '웃음꼬치 활'(꼬치구이점) '기운 센 천하장어'(장어집) '낙지먹고 맴맴'(낙지 요리점) '싱싱해 싱싱어'(횟집)/ '뺄테와금테'(안경점) '낮엔 해처럼 밤엔 달처럼'(안경소매점)/ '자지마독서실'(독서실)/ '졸라빨라PC방'(PC방)/ '이노무 스키'(스키장비점)/ '개팔자상팔자'(애견전문점)/ '버르장머리' '미&끼'(미용실)/ '쇳대'(철물장식점)

눈에 띄는 이색 상호를 이루는 방식은 일정하지 않다. 순우리말로 된 것이 있는가 하면 한자와 속담을 활용하거나 우리말과 비슷한 영어 발음을 응용한 것도 있다. 이들 상호에서 공통적으로 드러나는 특성은 말글을 자유자재로 활용하는 발랄함이다.

저녁을 먹은 후 집 근처 이곳저곳을 거닐어 본다. 한없이 처지는 몸을 추스르기 위해 시작한 걷기 운동이 이제는 몸과 정신 건강에 유익한 자양분이 돼 주고 있다. 쉬엄쉬엄 걸으면서 마음자리를 가만히 들여다보기도 하고 시시각각 달라지는 거리의 언어경관을 관찰할 수 있어 좋다. 간판의 상호가 형성하는 의미의 빛깔은 정말 다채롭다. 거리 곳곳에 '언어 마술사'가 즐비하다는 생각이 든다.

마음속에 잔잔한 떨림을 주는 상호를 보면 그리운 사람을 대하는 것처럼 그 곁에 오래도록 머물고 싶어진다. 모든 분야에서 변화의 물결이 도도한데, 간판에 쓰이는 상호도 변화에 변화를 거듭한다. 연립주택이 헐린 자리에 아파트가 들어서고, 식당이 미용실로 변신하면서 새로운 간판이 얼굴을 내민다.

새 바람이 불고 있다. 상호에 신선하고도 반가운 변화의 물결이 일고 있다. 경남 진주시에서는 혁신도시 조성지구 내에 아름다운 언어경관을 가꾸기 위한 한글간판 설치 조례 제정을 추진하고 있다. 경상대 국어문화센터에서 한글 간판의 범위, 경제성, 문화적 가치, 다른 지역의 사례 등을 연구해 한글간판 조례 제정의 타당성을 검토한다고 한다.

이미 조성된 대규모 택지지구인 진주 신안·평거 지역의 경우 90% 이상이 한글간판을 설치하고 있다는 조사 결과도 나왔다. 조례가 제정되면 한글로 된 간판만 설치해야 한다. 이렇게 되면 진주의 문화적 특성을 반영하는 아름다운 우리말 상호도 다양하게 나올 것으로 기대된다. 진주에서 좋은 우리말 상호로 알려진 '신고 메고'(신발 가방 판매점), '돌실나이'(생활한복점)는 상호를 짓는 데 좋은 본보기가 될 듯하다.

간판에는 손님이 줄기차게 찾아들어 가게가 날로 번창하고 많은 수익이 나기를 바라는 마음이 담겨 있다. 이렇게 보면 간판 하나하나는 나름대로 소중한 의미를 갖는다. 어떻게 해야 고객의 눈과 발길을 잡을 수 있을까? 이러한 고민에서 말글의 활용과 변신이 시작되는 것이다.

간판은 가게를 운영하는 주인의 바람이 오롯이 투영된 하나의 작품으로 볼 수 있다. 상호는 주인의 소망과 사랑을 영양분으로 해서 탄생하는 것이다. 그러기에 좋은 상호는 완결된 한 편의 시로도 읽힐 수 있다. 실제로 '취하는 건 바다'(주점)는 유명 시인의 시작품을 상호로 활용한 경우다. 예술적 향취가 주인에게 없었더라면 탄생하지 못했을 상호라고 할 수 있다.

외래어의 물결이 거세지만 우리 말글의 우수성과 아름다움을 살린 상호가 많아졌으면 좋겠다. 식당 '소꼴 베러 가는 날'에서 밥 먹고, 술집 '취하는 건 바다'에서 술을 한잔한다면 기분이 새롭지 않을까. 신선한 새 바람이 불어온다. 이미 시 작품을 활용한 상호는 등장했다. 우리의 문학 유산에서 상호를 창작해 낼 수 있다면 그것도 값진 작업이 될 것이다. 시조의 한 구, 판소리사설 한 구절이 상호로 등장할지도 모를 일이다.

고찰한 결과에 따르면 판소리사설에서는 의성어와 의태어를 다양하게 활용해 언어의 표현 영역을 확대하고 있었다. 판소리사설을 읽어가노라면 언어 활용의 전시장에 들어와 있다는 느낌을 갖게 된다. 외국의 언어로는 불가능한 표현도 판소리사설에서는 가능하다. 이는 우리말이 갖는 우수성이다. 끊임없이 몰려오는 거친 파도도 의성어 '우르르' 하나로 표현할 수 있다.

우리 말글과 문학유산을 활용하려는 노력이 많아졌으면 좋겠다. 아름답고 윤택한 언어생활은 우리 것에 대한 관심과 사랑에서 출발한다. 판소리사설을 활용한 '아장아장 뛰놀자'(어린이집), '어허 둥둥 노래 사랑'(노래연습장), '떨끄덩 떵떵 잘 찧는다'(방앗간), '시르렁 실근 톱질이야'(목공소) 등과 같은 우리말 상호를 거리에서 볼 수 있었으면 좋겠다.

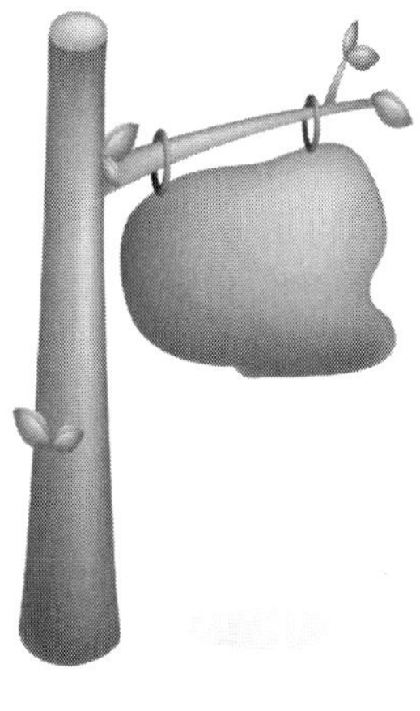

우리 말글의 표현미

한때 판소리 창(唱)을 기록한 판소리사설을 탐독한 적이 있다. 우리 말글을 운용하는 슬기를 엿보려 한 것이었는데, 표현영역을 무한히 확대하려는 선인들의 노력과 함께 우리 말글의 아름다움을 확인할 수 있어 값진 시간이었다.

'아 해 다르고 어 해 다르다'는 속담이 말해주듯, 표현을 어떻게 하느냐에 따라 의미가 달라지고 그에 따른 독자의 반응도 사뭇 달라질 것이다. 그러기에 말글살이에서 의미전달에 효과적인 표현방법이 주목받을 것은 당연하다.

구두(口頭) 전달이 중심이 되는 판소리에서 창자(唱者)가 효과적인 의미전달을 위해 다양한 표현방법을 창조해 낸 것에서 우리는 배울 점이 많다. 사실, 글쓰기의 성공은 말글을 운용하는 능력에 달려 있다고 해도 지나치지 않기 때문이다.

우선 '흥보가'에는 한자를 활용한 의성어(擬聲語) '제비 우는 소리'가 등장하고 있어 눈길을 끈다. 처마에서 떨어져 다리를 다친 제비, 흥보 내외의 치료를 받고 강남으로 무사히 날아간다. 이듬해 그 제비는 보은 박씨를 물고 흥부네를 다시 찾아온다. 은혜에 보답하는 제비. '하찮은 미물일지라도 은혜를 잊지 않고 보답한다'는 내용이 의인화한 제비를 통해 잘 드러나고 있다.

'지지지지 주지주지 거지연지 우지배요. 낙지각지 절지연지 은지덕지 수지차로 함지포지 내지배요.'(知之知知 主之主之 去之年之 又之拜요. 落之脚之 折之連之 恩之德之 酬之次로 啣之匏之 來之拜요. / 아는지요, 아는지요? 주인님, 주인님. 지난해 간 뒤로 또 뵈옵습니다. 떨어져서 부러진 다리를 이어 주셨으니 그 은혜와 덕을 갚으려고 박씨를 물고 찾아와 뵈옵습니다.)(홍보가 中)

제비 우는 소리는 일반적으로 '지지배배'라는 단순 의성어로 표현된다. 하지만 홍보가에서는 '지지배배'를 넘어 의미를 더하는 의성적 한자로 표현되고 있어 흥미롭다. 제비 입을 통해 보은의 마음을 전달하면서도 자음 'ㅈ' 'ㅂ'을 연속적으로 사용해 제비 우는 소리 '지지배배'와 같은 청각적 효과를 충분히 내고 있다.

판소리사설에는 정체를 확인하는 장면이 자주 나온다. 일반적으로 정체 확인은 상대방에 대해 잘 모를 때 이뤄지는데, 판소리사설에서는 정말 상대방의 정체를 몰라서 정체 확인이 이뤄지는 것은 아니다. 해당 상황을 심화하거나 특정 인물을 부각하기 위한 창자의 의도에서 정체 확인은 비롯되고 있다.

"어따 이거 말허는구나여. 네 이놈 네가 대체 무엇인고?" 자래란 놈 겁짐에 바른 대로 갈쳐 주것다. "예 내가 명색이 자래새끼라고 하오." 호랭이란 놈 반겨 듣고, (…) 어헝 으르르르 허고 달려드니 자래가 깜짝 놀래 “아이고 나 자라새끼 아니요.” “그러면 무엇이냐?” “내가 두꺼비요.” “두꺼비 같으면 더욱 좋다. 너를 산 채 불에 살러 술에 타 먹고 보면 만병회춘 명약이로다. 이리 오너라 먹자.” “아이고 두꺼비도 아니요.” “그래면 네가 무엇이냐?” “나 남생이요.” (…) “그러면 네가 무엇이냐?” “먹고 죽는 비상덩어리요.” “비상이라도 생킬란다.”(수궁가 中)

토끼 간을 구하러 육지에 나온 별주부가 호랑이를 만나 고초를 겪는 장면에서 정체 확인이 나타나는데, 정체 확인이 반복될수록 별주부는 고립무원(孤立無援)의 상황에 처하게 된다. 별주부가 자신의 정체를 ‘자라새끼, 두꺼비, 남생이, 비상덩어리’로 말하며 사지(死地)에서 벗어나려 하지만 아무런 소용이 없다. 오히려 죽음의 공포만 가중될 뿐이다. 별주부의 지난(至難)한 삶이 강조되고 있다.

이러한 정체 확인이 ‘춘향가’ ‘심청가’ ‘홍보가’를 비롯해 ‘배비장전’ ‘봉산탈춤’ 등에서도 나타나는 것을 볼 때, 정체 확인은 우리 전통연희(演戲)에서 상당히 보편화된 표현방법이었음을 짐작해 볼 수 있다.

슬픈 상황을 반전시켜 해학적으로 표현하는 것도 판소리가 갖는 한 특징이다. 홍보 가족이 박에서 나온 쌀로 밥을 해 먹는데, 너무 많이 먹어 그만 일이 터진다. 홍보가 밥을 너무 많이 먹어 죽을 지경에 이른 것이다. 홍보 아내와 큰아들이 가장을 살리기 위해 나름의 방법을 모색해 보지만 뾰족한 방법이 나오지 않는다.

“어디, 아버지 배 좀 봅시다, 예? 아, 아버지 배에 가서 밥이 환하니 비쳤소. 우리, 강아지 한 마리 몰아넣읍시다.” “아이고, 이놈아. 강아지가 들어가서 어쩐다냐?" "아, 밥을 팍팍 파먹을 게 아니요?" "아이고, 이놈아. 밥은 파먹는다고 허고 강아지는 어디로 나오게야?" "그러기에 호랭이를 몰아넣지요." (…) "아이고, 이놈아. 강아지는 잡아먹는다고 허고 호랭이는 어디로 나올 것이냐?" "그래기에 토간 포수를 또 몰아넣지요." (…) "아이고, 이놈아. 호랭이는 죽는다 허고 그럼 포수는 어드로 나올 것이냐?" "그래기에 나랏님 거동령을 아부지 볼기짝에다가 때려붙여 보시오. 나달아오나 안 나달아오나."(홍보가 中)

가장을 살리기 위한 모자(母子)의 노력은 계속되지만 '홍보가 죽게 되었다'는 비극적인 상황은 해소되지 않는다. '큰아들 방법제시와 어머니 의문제기'가 반복될수록 웃음만 자아낼 뿐이다.

'밥을 많이 먹어 죽을 지경에 이르렀다'는 비극적인 상황을 역으로 표현한 창자의 의도는 무엇일까. 슬픔이 너무 깊어지면 웃음밖에 안 나온다고 했던가. 비극의 해학화. 웃음이 때론 슬픔을 더 심화한다는 말이 '홍보가'의 경우 들어맞는다고 할 수 있겠다. 웃고 있지만 웃음 뒤에 더한 슬픔과 씁쓸함이 밀려들 것은 두말할 필요가 없겠다.

판소리사설은 의성어와 의태어의 전시장이라 할 만하다. 외국의 언어에서는 볼 수 없는 우리 말글의 우수성과 아름다움의 하나를 의성어와 의태어 활용을 통해 실감할 수 있다. 한 예로 음산한 분위기(춘향가)와 심술궂음(심청가)을 판소리사설보다 실감 나게 표현한 경우를 아직 본 적이 없다.

'밤 새 소리는 푸푸, 물 소리는 주루루루루루루루, 도챗비는 휫휫,

바람은 우루루루루루루루루루루 지둥 치듯 불고, 궂인 비난 퍼붓난듸, 귀신들은 둘씩 셋씩 짝을 지어 이히이히이히이히이히 춘향 모친 기가 막혀…'(춘향가 中)

'어따, 이 제기 붙고 발길할 년. 삐쭉하다 빼쭉허고, 빼쭉하다 삐쭉허고, 힐끗하다 핼끗하고, 핼끗허다 힐끗허고, 삐쭉 빼쭉, 씰룩 볼룩, 하루에도 몇 번이나 시시각각 변덕한다.'(심청가 中)

요즘 일간지나 잡지에 실리는 칼럼, 기획기사에서 편지, 대화, 시나리오, 일기 등 독특한 형태의 글을 보게 된다. 이러한 글쓰기는 의미전달을 효과적으로 하기 위한 글쓴이의 표현 의도에서 나온 것이라 할 수 있는데, 독자의 눈길을 끄는 신선한 데가 있어 좋다.

표현미가 돋뵈는 새로운 형태의 글쓰기는 계속돼야 한다. 더불어 의미전달을 효과적으로 하기 위한 노력도 끊이지 않을 듯하다. '온고지신(溫故知新)', 새로움은 옛것에서 싹트는 법. 보다 나은 글쓰기를 위해 우리의 전통 문학유산에도 관심을 가져봤으면 좋겠다. 우리 선인들이 보여준 말글 운용의 슬기는 참신한 글쓰기에 좋은 영감(靈感)을 줄 듯하다.

방언 사랑법

'이젠 표준어와 더불어 지역 방언도 아끼고 보존해야 할 시점에 이르렀다'는 말은 많은 이의 공감을 얻고 있다. 방언을 대하는 태도는 사람에 따라 다를 수 있지만 표준어만큼 중요하게 방언도 계승 발전시켜 나가야 할 우리의 언어 유산이라는 데에는 이견이 없는 듯하다. 그렇기에 일찍부터 개인이나 시민단체, 방송에서는 나름대로 지역의 말을 수집해 정리하고 알리는 작업을 잇달아 해오고 있다.

이러한 노력 덕택에 방언을 바라보는 우리의 시각이 많이 개선된 것은 사실이다. 언중(言衆)이 유용하게 쓰고 있는 지역의 말씨가 국어사전에 올라 있지 않다는 이유만으로 그 언어의 가치가 평가 절하될 수는 없다. 분명히 방언도 우리의 말이기 때문이다.

'방언은 표준어와 다른, 어떤 지역이나 지방에서만 쓰이는 독특한 언어'를 가리킨다. 경북대 이상규 교수는 "우리나라 말은 바로 전라도, 경상도, 함경도, 황해도 등 모든 지역의 방언이 함께 모여 이루어진 것이다. 어느 것이 낫고 어느 것이 더 못한 것이 아니다. 전라도면 전라도, 경상도면 경상도 말씨 자체가 하나의 가치를 지닌 언어 체계일진대 개별 방언이 가진 가치를 인정하고 이를 갈고 보존하는 노력을 기울이지 않으면 안 된다"고 밝혀 방언을 어떻게 볼 것인가에 대한 명쾌한 답을 주고 있다.

방언에 대한 관심과 애정은 시간이 흐를수록 그 넓이와 깊이를 더해 가는 것이 지금 우리의 언어 현실이다. 한마디로 표현하면, '방언 사랑법'이 여러 곳에서 다양하게 개발되고 있는 것이다. 최근의 신문 보도를 통해서도 이를 확인할 수 있다.

'부산 사투리를 사랑하는 사람들 모임'에서 사라져가는 부산 사투리 3,200여 단어를 모아 책으로 출간했다. 또 전남 광양시 서재환씨는 순수 전라도 사투리로 쓴 수필집인 '오지게 사는 촌놈'을 발간해 화제를 모으기도 했다. 강원도청 이경진 과장은 강원도 사투리를 수집해 책으로 엮어 눈길을 끌었다. 한편 설, 추석 등 명절 때가 되면 방송에서는 '팔도 사투리 경연대회'를 연다. 이 외에도 제주도·경상북도에서는 '도내 사투리 경연대회', 시민단체 '생명회의'는 '남북한 사투리 경연대회'를 개최하는 것으로 알려져 있다.

방언이 우리 언어생활에 깊숙이 들어와 있음은 영화 속 주인공의 말투나 텔레비전의 코미디, 드라마 프로그램에 연일 등장하는 지역 말씨를 통해서도 실감할 수 있다.

방송과 다르게 신문에서는 방언을 접할 기회가 많지 않다. 시, 소설 등 문학작품 연재물에 간혹 나오는 몇 개의 방언을 제외하면 발견되지 않는다. 문자 언어로 소식을 전하는 신문의 특성상 표준어 사용이 불문율처럼 돼 있기 때문이다. 기사 작성에 사용된 방언은 대부분의 경우 신문 제작 과정에서 같은 뜻의 다른 말, 즉 표준어로 대체되거나 다른 표현으로 바뀌지게 된다.

방언을 보존하고 갈고 닦는 일에 신문도 나름의 역할을 해야 할 때가 아닌가 한다. 언중의 약속인 표준어로 글을 써야 마땅하겠지만 방언을 적극적으로 활용한다면 새로운 형태의 기사를 쓸 수도 있다.

예를 들면, 부산 자갈치시장 스케치, 남해안의 섬 여행, 전라도 풍물 탐방 등은 지역별 방언을 적절히 사용하면서 소개한다면 독자는 기사 읽기의 색다른 즐거움을 누릴 수 있을 것이다. 아주 생소한 방언의 경우엔 기사 끝에 표준어 뜻풀이를 간단하게 덧붙이면 될 것이다. 방언을 활용한 새로운 글쓰기, 한번쯤 시도해 볼 일이다.

새로운 글쓰기와 더불어 신문에서 할 수 있는 방언 사랑법을 생각해 본다. 상상은 실현 가능성을 전제로 하는 법. 머지않은 시기에 이뤄질 신문의 편집 모습을 예견해 보는 것은 방언 사랑에 대한 기대감이 크기 때문이다.

일간지에 신설된 '방언 배워봅시다' 마당. '설레바리('남의 눈을 속인다'는 부산 방언), 차리기('알밤'의 강원도 방언), 때끼지('수수'의 강원도 방언)' 등이 예문과 함께 매일 연재되고 있다. 방언을 외국어(영어, 중국어, 일어, 한자)와 함께 묶어 연재하는 신문도 눈에 띈다.

수년 전 광복절 날, KBS에서 방영한 '평양 노래자랑'을 통해 북한 주민의 노래문화를 단편적으로나마 엿볼 수 있었다. 북한 노래는 우리가 즐겨 부르는 가요와 별반 차이가 없었는데, 노랫말이 정감 있고 신선해 눈길을 끌기도 했다. 길지 않은 시간이었지만 노래를 통해 남북이 하나라는 동질성을 느낄 수 있어 좋았다. 우리는 내부 결속을 다지면서 동시에 남북통일을 준비해야 하는 시기에 살고 있다. 그러자면 언어(방언) 사랑과 교류를 통한 화합이 선행돼야 할 것은 두말할 필요가 없다.

우리에겐 북한 말도 하나의 방언이다. 방언에 대한 관심과 사랑이 넘친다면 동서남북의 화합은 앞당겨질 것이다.

말글의 잡풀

언어생활을 흐리게 하는 흐름들이 늘어나고 있다. 우리 말글로 바로 잡아야 할 말의 '잡풀'이 여기저기서 자라고 있는 것이다. 한 예를 보자. KORAIL, KOGAS, KT, KTF, KOTRA, KRA…. 시나브로 거리를 점령해 가는 국내 기업들의 이름이다. 이게 그것 같고, 그게 이것 같아 헷갈린다. '영문으로 이름을 적는 것은 이미지 향상과 세계화 전략의 하나'라는 그럴싸한 명분이 들려오지만 이해하기는 여전히 어렵다.

최인호 한겨레말글연구소장은 "우리 말글의 세계화는 회사·상품·사람·동식물 이름 짓기 등 온갖 분야에서 각별한 홍보와 집중적인 전략개발이 필요하다"며 "제것을 챙겨 명품으로 가꾸고자 하는 의식을 가져야 한다"고 강조한다. 귀담아들을 말이다.

농사꾼의 자식이라 시골 어머니께서 농작물을 어떻게 가꿔 가는지 잘 안다. 어머니는 논밭에 잡초가 나면 가만두지 않는다. 농작물에 해가 되는 것은 뽑고 뽑아야 튼실한 결실을 볼 수 있다는 믿음을 갖고 있기 때문이다. 한여름 땡볕이 내리쬐는 날, 어머니는 호미로 잡초를 모조리 솎아내었다. 가을날 풍성한 결실을 기대하며….

우리 말글의 밭에 늘어나는 잡풀은 어떻게 해야 할까? 우리 말글보다 들어온 말글 사용을 중시하는 흐름은 이젠 유행이 돼 버린 느낌이 든다. 우리에게 마땅히 있어야 할 '호밋날'이 점점 무뎌 가는 것은 아닌지 살펴볼 일이다.

서울 노원구청은 한때 '문화의 거리' 지역의 간판에 영문을 병기하도록 강제해 뜻있는 사람의 공분을 사기도 했다. 이러다간 우리 말글살이에서 '호미로 막을 것을 가래로 막는 일'이 생기지나 않을까?

우리 말글에 대한 국민의 이해도가 낮다는 조사 결과는 새로운 사실이 아니다. 그만큼 우리 말글에 대한 의식이 흐려져 있다는 말이 된다. 우리 것을 버리면서까지 남의 것을 따라간 결과이리라. '한국적인 것이 세계적으로도 인정받을 수 있다'는 사실을 다시금 새겨볼 일이다.

언어생활을 올바르고 아름답게 하기 위해서는 우리 말글을 살려 쓰려는 의식적인 노력이 뒤따라야 한다. 그것은 땀을 많이 흘려야 하는 중요한 일이다. 경남 진주시 평거동의 다양한 우리말 거리간판은 뭇사람들의 손길로 이뤄진 것이다. 경상대 국어문화센터와 한글학회 진주지회 등의 지속적인 노력이 있었다는 사실은 잘 알려져 있다.

무더위가 기승을 부린다. 유행병이 돼 버린 영문 이름 적기처럼 쉬 수그러들지 않을 모양이다. 올해도 호미를 들고 잡초를 뽑으러 나갈 어머니의 주름진 얼굴이 선하게 떠오른다.

기 념 패

10년 세월이 하루같이 흘렀습니다.
부드러움과 강함을 함께 갖추고
시종여일(始終如一)
맡은 일에 최선을 다해 주었습니다.

당신과 함께하며 보낸 시간들은
우리들에게 잊을 수 없는
추억의 사진첩이 돼
오래도록 기억될 것입니다.

좋은 뱃사공은
거친 바다에서 만들어진다고 합니다.
새로운 도전일 수 있는
해외현장에 부임하더라도
무(無)에서 유(有)를 창조하는
아름다운 모습을 많이 보여주기를 기원합니다.

정말 수고 많이 하셨습니다.

기행문

지리산을 오르며

산이 우리에게 주는 혜택에는 변함이 없다. 계절의 변화에 따라 얼굴은 달리하지만, 산이 베풀어 놓는 '진수성찬'은 예나 지금이나 다를 것이 없다. 산에 오르면 일상생활에서는 쉬 맛볼 수 없는 성취감과 함께 호연지기(浩然之氣)를 기를 수 있어 좋다. 특히나 지리산은 장대한 크기만큼이나 무수한 이야기를 들려주며, 우리에게 살아가는 의미를 되짚어보게 한다.

지리산 거림으로 향하는 차창 밖으로 물 흐르는 소리가 들려온다. 비 내린 뒤라 그런지 계곡을 타고 내리는 물소리가 아주 가깝게 들린다. 지리산이 가까워진 모양이다. 몇 해 전 뱀사골에서 본 잔설(殘雪)이 신선한 즐거움을 주었다면, 세차게 흘러내리는 계곡물은 청정무구를 생각하게 한다.

지리산을 찾는 사람은 오늘도 많이 눈에 띈다. 가벼운 눈인사를 나누며, 모두 즐거운 표정을 하고 있다. 이곳에서 만난 대부분의 사람은 거림야영장이 있는 곳에서 세석평전(고원) 쪽으로 향한다.

지리산 계곡에 들어서면 웅장한 스케일에 일단 고개가 숙여진다. 넓게 품고 있는 산줄기와 울창한 숲, 풍부한 수량과 끝없이 이어지는 물줄기. '산이 높아야 계곡이 깊다'는 말은 바로 지리산을 두고 하는 말인 것 같다. 지리산을 자주 찾는 것은 아니지만, 지금껏 보아온 계곡들 중 깊지 않은 계곡이 없었다. 신록과 어우러진, 크고 작은 폭포들이 만들어내는 계곡의 아름다움은 신선계를 연상케 한다.

세석평전으로 향하면서 만나는, 활엽수로 이루어진 원시림은 수백 년 된 아름드리 고목이 있는가 하면 자디잔 나무들도 있다. '저렇게 작은 나무도 시간이 흐르면 언젠가는 늠름한 자태를 뽐내겠지'라고 생각하며 스스로 위로해 본다. 급경사다. 숨이 차서 발걸음 옮기기가 보통 힘든 게 아니다. 점점 올라갈수록 전나무, 구상나무 등 침엽수들이 많이 나타난다.

연분홍빛 철쭉이 저만치서 고개를 내밀고 있다. 반가운 마음이 들어 한 걸음에 내닫고 싶지만, 몸이 따라주지 않는다. 돌계단이 나오면서 산등성의 윤곽이 보이고 나무 사이로 하늘이 보이기 시작한다. 세석이 가까워진 모양이다.

촛대봉과 영신봉을 사이에 두고 완만한 경사로 넓게 펼쳐진 세석평전은 키 작은 구상나무와 함께 어우러진 철쭉이 연분홍빛 꽃밭을 이루고 있다. 바래봉 철쭉이 강렬한 인상을 풍긴다고 한다면, 이곳 세석 철쭉은 작은누님의 풋풋한 미소를 닮았다고나 할까.

자디잔 돌이 10만여 평에 걸쳐 광활한 평원을 이루고 있다고 해서 붙여진 이름 세석(細石)평전. 동쪽으로는 촛대봉을, 서쪽으로는 영신봉을 끼고 있는 세석평전은 지리산 주능선에 자리 잡고 있는 최대의 평원지대다. 신라시대 때는 화랑들의 수련도장으로 이용되기도 했다고 한다. 아름다움을 생각하게 하는 연분홍빛 철쭉. 그 옛날 화랑들은 꽃을 보며 무슨 생각을 했을까. 삼국통일의 큰 꿈을 꽃피울 날을 기약했을까. 혹, 사랑하는 연인의 얼굴을 떠올리며 미소 짓지는 않았는지 모르겠다.

지대가 조금 높은 암봉 위에 올라가니 희뿌연 운무(雲霧)에 가렸던 천왕봉이 저 멀리서 얼굴을 살짝 드러낸다. 천왕봉 쪽으로 촛대봉과 연하봉, 제석봉이 머리를 맞대고 이어져 있다. 세석평전 왼편으론 영신봉의 바위들이 철쭉꽃에 둘러싸여 더욱 아름답게 보인다. 영신봉 너머 서쪽으로는 덕평봉, 벽소령을 거쳐 명선봉, 반야봉이 이어지고 있다.

천왕봉의 웅장한 모습은 볼 때마다 그 얼굴을 달리한다. 어머니 가슴처럼 넉넉하고 아늑한 모습을 보이면서도, 때로는 짙은 운무에 돌풍이 몰아치기도 한다. 천왕봉은 반야봉과 노고단 등 110여 개의 준봉을 거느리고 그 아래로 헤아릴 수 없을 정도로 많은 크고 작은 봉우리들의 호위를 받으면서 그 웅장함을 자랑하고 있다. 뿐만 아니라 연하선경에 울창한 원시림과 골골마다 용솟음치듯 흐르는 물보라 등 태고의 숨결을 발아래 숨겨둔 채 하늘을 향해 솟아 있다.

법계사~중산리 쪽 길을 잡아 하산을 시작한다. 가파른 길이 이어지고 울창한 숲이 우거져 있다. 간간이 이름 모를 새들이 짝지어 노래하는 모습이 눈에 들어온다. 숲길을 걸으면서 크지 않은 나무들이 곱게 자라고 있는 것을 볼 수 있다. 넝쿨이나 바위 하나 없이 가지런히 서 있는 나무에 신록이 물들어 있는데, 연둣빛 신록이 그렇게 아름다울 수 없다. 이양하의 수필 '신록예찬'에서 극찬해 마지않던 그 빛깔이다. 어떻게 보면 화려한 꽃보다도, 가을날의 현란한 단풍보다도 더 아름다운 것이 신록이라 할 수 있다. 바라만 보고 있어도 그 청신한 푸르름에 시나브로 빠져들 것만 같다.

법계사 산문에 들어서면 큰 바위 위에 우뚝 선 3층 석탑이 먼저 눈길을 끈다. 여느 석탑과는 달리 거대한 자연석을 기단으로 해 그 가운데에 3단의 굄을 만들고 탑을 세운 특이한 양식이다. 바위 높이 3.6m, 탑 높이 2.5m의 비교적 크지 않은 간결한 탑이지만 풍기는 인상은 신비스럽고 강렬하기까지 하다.

중산리에서 기다리고 있을 사람들을 생각하니 발걸음을 재촉할 수밖에 없다. 마음만 있다면 지리산은 언제든지 찾을 수 있다는 생각으로 아쉬움을 달래본다.

누군가 따라주는 시원한 막걸리 한 잔, 산행 후 피로를 씻어내기에 충분하다.

거창 금원산 자연휴양림

'후배 보아라. 때 이른 무더위에 생활하느라 고생이 많겠구나. 지난 여름 어느 날 후배가 말했었지. 시원한 계곡물이 흐르는 곳에서 한나절 보내고 싶다고. 팍팍한 세상살이에 재충전할 수 있는 기회를 얻기란 생각처럼 쉬운 게 아니라는 걸 나는 안다네. 휴가는 잘 보내야 하네. 꺼멓게 탄 얼굴에 후회만 남는 휴가라면 차라리 가지 않는 것이 나을 것이네. 1급수의 맑은 계곡물과 가족 휴양시설이 잘 갖춰져 있는 이곳 금원산 자연휴양림을 한번 찾아주기 바라네. 줄기차게 쏟아져 내리는 계곡물과 금원산의 푸르름에 한번 안겨보면 돌아갈 때 분명 큰 선물을 갖고 갈 수 있을 것으로 확신한다네.'

시나브로 진녹색으로 물들어가는 산을 바라보며 고속도로를 달린다. 날씨가 화창해 저 멀리 지리산 천왕봉도 가깝게 다가와 선다. 생초인터체인지에서 나와 안의를 거쳐 가다보면 거창군 마리삼거리, 금원산자연휴양림 표지판이 길손을 반갑게 맞이한다.

휴양림 매표소를 지나면 계곡을 타고 내리는 물소리가 요란하게 들려온다. 시원함을 부르는 자연의 소리, '철 처~콸 콰' 소리도 우렁차다. 계곡 주위엔 휴양객들이 삼삼오오 모여앉아 더위를 식히고 있다. 곧게 뻗은 수목들이 뿜어내는 신선한 내음이 심신을 맑게도 한다.

장대 같은 물줄기가 쏟아진다. 큰 물기둥이 장관을 연출하고 있다. 유안청 폭포다. 10m는 족히 돼 보이는데, 햇빛을 받아 반짝이는 물줄기가 절경 속의 절경을 이루고 있다. 부지불식간(不知不識間)에 시심이 일어난다.

정녕 하늘과 맞닿았으리 / 힘차게 내리꽂는 저 물줄기 / 비단 열두 폭을 이 산중에 누가 걸어 놓았을까 / 햇빛 수를 많이도 놓았구나 / 친구야 보아라 / 물줄기를 타고 오르는 흰 나비의 무수한 날갯짓을

실바람에 실려 날아드는 자디잔 물방울이 청량감을 한껏 선사한다. 바라만 보아도 시원함이 온몸을 안겨 도는 듯하다. 폭포수 아래로 서너 명의 여성이 들어선다. '아~악 악, 악' 연신 터지는 고음들. 일상생활에서 쉬 내지를 수 있는 소리는 아니다. 억지로 꾸며 하는 행동도 아니다. 대자연의 아름다움 앞에 서면 누구나 동심의 세계로 돌아가는 걸까. 청정무구를 생각하게 한다. 마음속에 쌓인 티끌들을 한순간에 날려 보낼 수 있을 것도 같다.

해발 1,353m 금원산은 조용한 가운데 산행의 즐거움을 느낄 수 있어 좋다. 평탄한 길이 계속되는가 싶으면 어느덧 가파른 경사길이 나타난다. 마음을 조였다 풀었다 하는 게 우리네 인생길을 닮아 있다. 맑은 공기를 한껏 들이마시며 천천히 산길을 오르는데, 울창한 수목들이 청신한 자태를 뽐내고 있다. 산행길 중간 중간 만나는 산딸기와 약수물이 입맛을 돋워준다. '촬촬촬 촤르르르르르' '졸졸졸 조르르르르르' 산 정상에 가까워질수록 계곡물 소리도 정겹게 다가온다.

산행의 묘미는 역시 정상에서 맛보는 시원함이다. 탁 트인 전망 속에 바라다뵈는 '산의 바다'가 한 폭의 동양화를 연상케 한다. 멀리 기백산과 반야봉이 보인다. 연무가 수평으로 띠를 이루었는데, 봉우리들이 머리를 맞대 떠받치고 있는 형상이다. 끊어질 듯 이어지는 산봉우리들의 유연한 곡선들. 선의 무수한 변화 속에 조화로운 곡선 하나를 낳았다. 그 어떤 인공적인 치장도 침범치 못할 대자연의 아름다움이리라.

휴양림은 금원산 서쪽 한 자락을 차지하고 있는데, 북서쪽으로 거창군 북상면과 경계를 이루고 남동으로는 기백산(1,330m)과 조두산에 접해 있다. 방문자 안내소를 중심으로 좌우에 두 개의 계곡이 자리잡고 있다.

우측 계곡에는 '달암 이선생 순절동'이라고 새겨진 높이 50m, 둘레 150m쯤 되는 우리나라 단일 바위로는 제일 크다는 문바위가 있는데, 보는 이로 하여금 위압감을 느끼게 한다. 바로 위쪽 암벽에는 본존불과 보살상을 새겨놓은 국가지정보물 제530호 마애삼존불이 자애로운 미소를 띠고 있다.

휴양림 입구에는 보름달이 뜨는 날이면 선녀가 목욕을 했다는 선녀담이 자리하고 있다. 아이를 못 낳는 부인이 이곳에서 목욕하고 소원을 빌면 뜻을 이룰 수 있다는 전설이 전해져 오고 있다.

가까운 거리에는 또한 수승대(4㎞), 용추계곡(24㎞), 무주구천동(34㎞) 등이 위치해 있어 이곳 자연휴양림과 연계해 관광한다면 멋진 추억거리를 만들 수 있겠다.

거제 망산

산이 지닌 멋스러움을 만끽하며 탁 트인 해안가 절경을 감상하는 것은 상상만으로도 즐겁다. 이즈음, 가벼운 마음으로 산에 올라 시원함을 맛보고 등반 후에는 해수욕으로 땀을 씻어보는 것도 좋을 것이다.

푸른 파도가 잔잔히 일고 해안선의 굴곡과 숲, 절벽 등이 어우러진 비경을 감상할 수 있는 곳이 있다. 바다 조망의 제일 명산인, 거제도 남쪽 끝에 자리한 망산(望山·375m)이 그곳이다. 이곳에서 색다른 경험으로 올 여름 추억거리 하나를 만들어 보는 것도 괜찮을 듯하다. 일상생활의 고단함을 훌훌 털어버리고, 함께 거제도 망산으로 떠나보자.

망산은 산 자체의 아름다움도 빼어나거니와 조망도 뛰어나다. '정말 기막히다'는 감탄의 말을 연발한 게 몇 번인지 모른다. 아직은 많이 알려지지 않아 비교적 한적한 가운데 산행의 묘미를 즐길 수 있어 좋다.

산행 출발점은 무지개마을 버스종점에 있는 무지개상회다. 이 가게 앞에는 버스를 돌리는 널찍한 공간이 마련돼 있는데, 주변에 소형 차량을 댈 만한 빈 터도 눈에 띈다. 무지개상회 오른쪽 콘크리트 포장도로를 따라 잠깐 오르다 산사면을 보면 사람들이 다닌 산길이 나타난다. 숲속을 5분쯤 오르다 보면 초록 철망을 두른 염소막이 나온다. 이

염소막 울타리를 따라 오른쪽으로 가다보면 한 군데 울타리가 쓰러진 부분이 있다. 이곳을 통해 계곡 안으로 접어든다.

계곡 초입(初入)에 물을 모아두는 붉은 고무통이 놓여 있다. 파이프로 연결한 모양으로 보아 마을에서 식수로 쓰기 위해 마련해 둔 것 같다. "물맛이 정말 좋다"며 일행 중 누군가 절찬을 아끼지 않는다. 이 물통 위로는 후박나무 숲이 한동안 이어진다.

숲이 어찌나 짙은지, 햇볕이 쨍쨍 내리쬐는 낮에도 컴컴하다. 구렁이 몸통 같은 후박나무 줄기들이 엉키어 선 숲 그늘 아래는 큼직큼직한 바윗덩이들이 깔려 있다. 간혹 흔들리는 것도 있는데, 습기를 머금은 것은 몹시 미끄러우니 조심해야 한다. 숲이 짙어 바람결이 스미지 않기에 조금만 걸어도 땀이 온몸을 타고 내린다. 낙엽들이 뿜어대는 시큼한 냄새가 코를 자극해 고향 뒷산을 오르는 편안함을 안겨다 준다.

계곡이 끝나는 평평한 지점에 이정표가 놓여 있다. 왼쪽으론 대포, 오른쪽으로는 망산 정상으로 향하는 길이다. 대포로 향하는 길로 접어들면 울창한 후박나무들이 또다시 빽빽이 늘어서 산행객을 반긴다. 가느스름하게 뻗은 숲 그늘이 시원함을 불러오기에 그만인데, 해풍까지 더해지니 한여름 무더위는 순식간에 사라져 버린다.

깎아지른 듯한 바위봉에 서니 해풍이 더욱 세차게 불어온다. 오후 느지막이 시작한 산행인지라 바닷가에서 올라오는 열기가 해무로 변해 한치 앞을 분간하기 어렵다. 해무가 그치기를 기다리며 변화무쌍한 자연의 신비를 실감한다. 바다가 잠깐 보였다가 이내 숨어버린다. 모처럼 만난 연인 앞에 선 수줍음이랄까.

저 멀리 무지개마을 해변의 절경이 서서히 나타나기 시작한다. 진정 기다림의 화답이리라. 반원 모양의 해안굴곡과 더불어 아기자기한 기암괴석들이 자연의 혜택을 한껏 베풀어 놓았다. 고즈넉함 가운데 다도해의 몽환적인 분위기와 정결미를 느낄 수 있어 더없이 좋다. 해질 무렵, 바다를 진홍색으로 채색하는 일몰을 산 위에서 감상하는 것 또한 색다른 흥분을 갖기에 충분하다.

망산 정상은 남쪽이 깎아지른 절벽인 넓적한 암봉으로 이루어져 있다. 올라서니 우선 왼쪽으로 트이는 한려수도의 조망에 긴 외침에 가까운 감탄사가 절로 터져 나온다. 땀방울을 걷어내 주는 해풍의 시원한 손길마저 보태지니 부지불식간에 황홀경으로 빠져든다.

정상 남서쪽으로는 망산이 마지막 기운을 다한 산줄기가 반도형상으로 뻗어 절경을 이루었고, 남동쪽 앞바다에는 소병대도와 작은 바위섬들이 제각각의 크기와 모양으로 떠올라 이곳 망산 정상에서의 조망을 완벽한 것으로 완성시키고 있다. 산 아래로 거제 제2의 몽돌밭으로 불리는 여차해수욕장도 한눈에 들어온다.

망산을 빙 둘러 해변으로 난 지방도로 중 무지개마을~여차마을 구간은 아직 비포장도로다. 그러나 바다 쪽 조망이 워낙 훌륭한지라 드라이브에 나선 차량들을 심심찮게 볼 수 있다. 비포장이지만, 승용차도 조심 운전하면 얼마든지 다닐 수 있다.

화왕산 억새밭

억새밭을 거닐 때면 사랑에 빠질 것 같은 추정(秋情)에 사로잡힌다. 은빛 물결 속에 세속적이지 않으면서 풋풋한 사랑의 꿈을 키워갈 수도 있을 것 같다. 가까이 다가서야만 억새의 진면목을 만끽할 수 있듯, 우리네 사랑의 꽃도 그렇게 피어나는 것이라 생각해 본다.

화창한 가을하늘 아래, 멀리 화왕산의 자태가 드러난다. 정상 부근 소나무 사이사이로 자리 잡은 기암괴석이 산의 기품을 한층 더하고 있다. 산 정상 억새밭으로 향하는 길은 예사롭지 않다. 산행에 자만심은 금물. 정상 500m 이전부터 경사길이 계속 이어진다. 가쁜 숨을 내쉬며 앉아 쉬기를 서너 차례, 살짝 얼굴을 내미는 억새 몇 포기. 반가움에 힘을 내 본다.

창녕 화왕산(756m)의 십리 억새밭은 매력이 넘치는 곳이다. 뭐니 뭐니 해도 찾아가는 멋이 색다르다. 그저 누구에게나 보여주는 것이 아니라, 1시간 정도 만만찮은 경사를 가진 일명 '환장고개' 길을 올라온 사람에게만 억새밭을 연다. 땀 흘린 연후에 탁 터지듯 펼쳐지는 억새밭 풍광, 그러므로 한결 더 장대하고 멋있어 보인다.

화왕산 정상의 평원은 화산이 폭발한 후 생긴 분화구가 메워진 것이라고 한다. 그래서인지 정상 평원과 그 외곽지역과의 구분이 명확하다. 억새밭은 완만한 경사의 비탈 2개 면을 붙여놓은 것 같고, 억새밭 경계선 바깥은 급경사 비탈을 이루며 흘러내린다. 그 경계선 위에 서면 한쪽으로는 억새평원 물결이, 다른 한쪽으로는 낙동강변의 광대한 벌판이 한눈에 들어온다.

능선을 쭉 따라 탐방객들이 줄을 이었다. 바람에 몸 부대끼며 억새가 흩날린다. 바람이 세차게 쓸고 가는 억새밭. 파란 하늘과 억새평원, 그리고 뭇사람이 어우러져 빚어내는 풍광은 아름답기 그지없다. 누구든 그 멋스러움에 반하지 않을 수 없다. 억새밭 속으로 잦아들면 이루지 못할 사랑이 없을 것도 같다. 평일인데도 수많은 사람들이 쉼 없이 오르내린다.

화왕산 산행은 어떤 코스로 오르든 2시간 이상 걸리지 않는다. 서둘러 걸을 이유가 없으며, 느긋하게 이곳저곳 경치를 즐기며 산을 올라도 좋다. 산행 자체의 어려움도 그리 크지 않아 가족단위로 많이 찾기도 한다. 억새밭 구경 뒤에는 화왕산 초입 자하곡매표소 옆에 자리한 창전미술관도 한번 들를 만하다.

집현산을 찾아서

어느 때든 찾아가 쉴 수 있는 곳이 있다면 살아가는 데 위안이 된다. 어머니 품처럼 아늑하게 다가오는 곳. 한번 찾아가 보면 다시 찾고 싶은 마음이 드는 곳이라면 좋다.

경남 진주시 집현면 정평리에 자리한 집현산. 필자의 고향 산이기도 한 그곳 품에 안겨 천년 명상에 잠겨 있는 듯한 고찰 응석사, 그리고 집현산 굽이굽이 흘러내린 물이 합쳐져 저수지를 이루고 있는 곳. 그곳에 가면 아기자기한 자연미와 더불어 순박한 삶의 진미를 맛볼 수 있어 좋다. 가벼운 옷차림으로 산을 오르며 마음자리를 다져보는 것도 괜찮을 듯하다.

진주에서 국도 33호선을 타고 합천 방면으로 20분쯤 가다보면 응석사 표지판이 나온다. 이곳에서 좌회전해 약 4㎞ 정도 더 들어가면 집현산과 만나게 된다.

집현산은 572m로 그리 높지 않은 편이다. 산세가 순탄해 포근히 안겨드는 맛이 있다. 사시사철 맑은 물이 흘러내리고 순박하게 살아가는 사람들의 이야기가 도란도란 들려오는 곳이다. 산 정상까지 임도가 개설돼 있어 마음만 먹으면 자동차로 쉽게 올라 끝없이 펼쳐져 있는 '산의 바다'를 조망할 수도 있다.

응석사 입구에서 등산로를 따라 산행을 즐기면 더없이 좋다. 산행길은 크게 두 방향으로 나 있는데, 응석사 왼편으로 나 있는 제1등산로는 정상까지 2.6㎞, 제2등산로는 순환코스로 6.6㎞이다. 응석사 오른 쪽으로 길을 잡아 산행을 해도 좋다. 아직은 많이 알려져 있는 등산로는 아니기에 한적한 가운데 산행의 묘미를 느낄 수 있어 좋다.

산 정상에 가까워질수록 녹음을 몰아오는 시원한 바람이 한껏 불어오는데, 그 청량감은 다른 무엇에 비길 데 없이 좋다. 정상에 서면 내려다보이는 정평 저수지와 진주 초장동 아파트단지의 모습. 손을 뻗으면 금방이라도 잡힐 듯 가깝게 다가온다. 끊어질 듯하면서도 다시 이어지는 산봉우리를 보면 대자연의 오묘함을 느낄 수 있다.

산 정상에서 발길을 돌려 하산을 서두르면 후회할 수도 있다. 산등성이를 타고 산 동쪽 봉우리로 가면 월명암(月明庵)이란 암자를 만날 수 있다. 저녁 무렵 달이 뜨면 그 풍광이 일품이라서 월명암이란 이름을 붙였다고 하는 자그마한 암자. 수년 전쯤 현대식 건물로 말끔하게 단장해 놓았는데, 간간이 불어오는 바람에 흔들리는 댓잎이 고즈넉함을 더하고 있다. 이곳에 들러 약수를 맛보며 세상 모든 근심을 털어버리는 것도 괜찮을 듯하다.

집현산 골을 타고 흘러내리는 두 줄기의 물이 합쳐지는 곳에 응석사는 자리하고 있다. 한껏 신록을 자랑하는 집현산 수목에 가려 그 모습을 쉬 드러내지 않는다. 멀리서 보면, 사찰의 대부분이 수목들에 둘러

싸여 있다. 언뜻 봐 아주 작은 절이겠거니 생각하면 잘못이다. 일주문을 지나 경내로 들어서면 그 규모가 작지 않음에 놀라게 된다.

웅석사는 신라 24대 진흥왕 15년(554)에 창건된 천년 고찰이다. 광무3년(1899)에 중수했다는 기록이 전해지며, 대웅전은 1976년 경남도 유형문화재 제141호로 지정됐다.

절 앞으로는 시원한 개울물이 흐르고 있다. 눈길을 끄는 것은 개울 옆에 조성해 놓은 10여 개가 넘는 돌탑이다. 절 앞 쉼터였던 '마음의 집' 주인이 쌓은 돌탑들이다. 돌 하나하나 쌓아 놓은 모양새를 보노라면 예사 정성을 쏟은 것이 아님을 알 수 있는데, 소박하면서도 멋스러움이 느껴진다. 작은 바람만 불어도 쓰러질 듯 느껴지지만 몇 년이 지나도 예전 모습 그대로라고 한다. 돌을 하나 둘 쌓으며 사나이는 무슨 생각을 했을까. 이곳을 찾는 뭇사람의 건강과 안녕을 기원했는지도 모른다.

항상 시퍼런 물이 가득 차 있는 정평저수지. 집현산에서 흘러내린 물이 모여 큰 못을 이루었는데, 저수지 양 옆으로 울창한 나무들이 둘러싸고 있어 절경이다.

이 저수지 물은 정평리뿐만 아니라 하류지역의 농업용수로 이용되고 있는데, 이 저수지의 자랑은 새벽녘 물가에 자욱이 피어오르는 물안개다. 고즈넉한 가운데 한없이 피어나는 물안개를 바라보면, 구름 위에 앉아 노니는 듯한 신비스러움을 만끽할 수 있어 좋다.

거제 동백꽃

얼마나 뜨거운 가슴이기에 저렇게 불붙고 있을까. 나뭇잎 사이로 수줍은 듯 얼굴을 내미는 꽃망울은 분명 임을 향한 그리움이다. 푸르디푸른 바다를 향해 머리 숙이고 불어오는 봄바람에 속살거리는 동백꽃. 안으로 안으로만 삭여오던 그리움의 시간이 이제 하나 둘 꽃으로 피어나고 있다.

동백꽃에 대한 첫인상은 강렬한데, 바라보면 볼수록 사람을 끌어들이는 매혹적인 데가 있다. 진녹색 잎사귀와 묘한 대조를 이루는 선홍빛 꽃잎 때문이리라. 앙증맞게 달려 있는 꽃망울을 보노라면 순진무구한 아가의 볼을 닮아가는 것 같아 흐뭇하다.

끝없이 펼쳐진 은빛 바다 위로 살며시 고개를 내민 무수한 섬들. 바다빛과 하늘빛이 만나 하나를 이루고, 기암절벽 끝에 뿌리내린 천년해송이 갈매기를 손짓해 부른다. 흰 포말 가득 어부의 힘찬 뱃노래가 풍요로움을 더해주는 섬, 거제도. 때로는 쪽빛 바다의 청아함으로, 때론 눈부신 신록의 싱그러움으로 다가오는 거제는 지금 동백이 피워내는 봄 얘기로 즐거움을 더해준다.

우리나라 동백 군락지는 여수 오동도, 남해 노도, 통영 미륵도, 그리고 거제 학동이 유명하다. 이곳 거제도 동백꽃은 다음 주면 여기저기 꽃망울을 터뜨릴 것 같다. 아직은 수줍은 듯 아름다운 자태를 완전히 드러내지 않고 있다.

거제는 천혜의 자연조건과 역사가 어우러져 구경할 것이 우리나라 어느 지역 못지않게 많다. 그만큼 관광코스도 다양하게 해 즐길 수 있다.

거제도 해안 700리 길은 가는 곳마다 절경이다. 이렇게 아름다운 나라에서 살아가고 있다는 사실에 감사한다. 감탄의 연속으로 입을 다물 수가 없다. '아름답다'라고 표현할 수밖에 없는 언어의 한계를 실감한다.

거제대교에서 서남쪽으로 차를 달려 탑포를 지나면 천년을 한결같은 마음으로 서 있는 노송 숲과 반짝이는 은빛 모래밭을 만나볼 수 있다. 해안을 따라 인적이 드문 홍포·여차에 이르면 다도해의 멋진 절경을 한눈에 볼 수 있다. 정말 '와' 하는 말이 절로 나온다.

그 기쁨을 안고 해금강에 다다르면 터져나오는 감탄은 그칠 수가 없다. 해금강은 남부면 갈곶리 마을 앞에 있는 섬과 그 주위 경관을 말하는데, 가라산 끝 봉우리가 바다 속 깊숙이 잠겨 한 떨기 부용으로 피어 솟은 듯하다. 아침 햇살이 동해에서 뜨면 천태만상의 만물상이 장관을 이루니 과히 절경이라 할 수 있다. 동서남북 사방으로 통하는 크고 작은 해로의 문이 있어 이를 '십자동굴'이라고 하고, 배가 드나들 수 있는 만물상 석문이 있어 눈길을 끈다.

리아스식 해안의 절경을 구경하면서 달리다 보면 학동 동백나무 군림과 팔색조 도래지와 만나게 된다. 천연기념물 제233호로 지정된 이곳은 해금강을 조금 지난 국도변에 있다. 숲의 길이는 4㎞나 이어져 있고 그 숲속에 팔색조가 매년 6월 중순에 찾아와 아늑한 산세 안에 보금자리를 마련한다고 한다.

노자산 봉우리를 향해 오르면 거제자연휴양림이 펼쳐진다. 노자산 숲 깊숙이 자리한 자연휴양림은 온 가족이 함께 휴식을 취할 수 있도록 통나무집·산책로 등이 준비되어 있다. 또한 한려해상뿐만 아니라 멀리는 대마도까지 볼 수 있는 전망대가 있다. 자연과 호흡하며 가족과 함께 삼림욕을 즐길 수 있어 좋다.

일운면 구조라항을 막고 우뚝 솟은 내도와 외도는 안섬·밖섬으로도 불린다. 그 옛날 대마도 가까이에 있던 외도(남자 섬)가 구조라 앞에 있는 내도(여자 섬)를 향해 떠오는 것을 보고 놀란 아주머니가 "섬이 떠온다"라고 고함을 치자 섬이 그 자리에 멈추었다는 전설이 전해져 온다. 아열대 식물인 선인장·코코수야자 등 다양한 수목이 자라 풍치가 한국의 파라다이스라고 불릴 만큼 아름답다.

거제시청 옆에 자리한 거제도포로수용소 유적관은 6·25동란의 아픔을 간직한 산교육장이다. 아이들의 손을 잡고 전시실을 관람하는 부모들을 쉬 만날 수 있다. 주말에는 200명 이상이 관람한다는 안내 도우미의 설명이다.

유적관에서는 6·25동란과 포로수용소에 대한 영화 상영은 물론 그 당시 사용됐던 무기들까지 전시하고 있다. 지나온 시간을 되돌아보며 오늘의 우리네 삶을 다잡게 하는 깊은 뜻이 담겨 있으리라. 아픈 과거는 빨리 잊을수록 좋다. 하지만 반드시 잊지 말아야 하는 것도 있는 법. 아픈 과거는 한 번으로 충분하다는 생각을 해본다.

통영 추도

여름 무더위가 시원한 바다를 부르는 때다. 짙푸른 파도가 출렁이는 해변, 기암괴석 암반을 따라 눈처럼 부서지며 뿜어대는 물보라가 연출하는 광경은 여름바다가 지닌 매력 중의 매력이다. 갈매기가 고깃배를 앞서거니 뒤서거니 춤추는 바다. 여름 바다 속으로 빠져들어 가는 것은 상상만으로도 흥이 절로 난다. 무더위에 지친 우리네 마음은 벌써 피서지로 달려가고 있다. 바다 위에 외로이 떠 절대고독 속에 빠져 있는 듯한 뭇섬. 그 속에 안겨 한여름의 풍요를 만끽할 수 있는 여유가 있다면 더 바랄 것이 없으리라.

경남 통영시 서호동 여객선터미널. 낚시도구를 챙겨 든 이와 단체로 섬 나들이를 떠나려는 사람들로 붐빈다. 정기여객선인 한려페리호를 타고 추도까지는 1시간 30분 거리. 하루 두 차례 뱃길이 열려 육지와 추도를 연결해 준다. 조도, 저도, 연대, 만지, 한목 등을 경유하며 항해하는지라 섬과 바다의 아름다움에 빠져들 수 있는 충분한 시간을 가질 수 있어 좋다.

흰 물살을 가르며 바다 위로 배가 미끄러지듯 움직이자 가벼운 흥분이 일어난다. 낭만이 한껏 묻어나는 여름바다. 시원한 바람이 뱃전으로 세차게 불어온다. 저 멀리 다양한 형태의 섬들이 얼굴을 내밀며 손짓을 하는 듯해 반가운 마음이 인다. 소매물도, 죽도, 비진도 등을 배 위에서 바라보는 느낌도 새롭다. 오랜 세월 바닷바람에 단련된 듯 꿈쩍도 않고 바다 한가운데에 자리 잡은 섬의 모습에서 꿋꿋한 기상을 느낄 수 있어 값지다.

추도는 수맥이 육지와 닿아 있어 물 걱정이 없는 섬이다. 지하수를 뚫어 수도시설을 잘 갖춰 놓았다. 40여 가구가 이곳에서 생활하고 있는데, 섬이 지닌 아기자기한 멋을 감상하며 낚시의 묘미를 즐길 수 있어 좋다. 해변을 따라 난 산책로를 걸으면 조용한 가운데 마음자리를 다질 수도 있다.

추도의 나지막하게 솟은 산에 오르면 한없이 펼쳐져 있는 바다를 한눈에 조망할 수 있어 눈을 시원하게 해준다. 통영 앞바다의 잔잔한 물결과 온갖 모양의 기암괴석이 기이한 자태를 뽐낸다. 소나무 숲을 지나 불어오는 솔바람은 무더위를 잊게 할 정도로 청량감을 선사한다. 높지 않은 산인데다 수월한 산행길이어서 가족과 함께 오를 만한 곳이다.

섬에서 맞이하는 일몰은 신비롭고 장엄하다. 은빛으로 물드는가 싶더니 어느새 황금빛으로 젖어든다. 하루를 끝내는 서운함의 또 다른 표현일까. 시나브로 어둠이 내리면 하루를 마감하는 해는 바다를 아름답게 채색하며 수평선 너머로 눕는다. 그 위로 유유히 지나가는 한두 척의 고깃배, 한 폭의 수채화를 연상케 한다.

추도에 오면 반드시 들를 만한 명소가 있다. 지역에서 활동하고 있는 화가 이태수 선생의 작업실. 12년 전 이곳 폐가를 구입해 꾸며 놓았는데, 마당엔 지금 수국 꽃이 한창이다. 공처럼 둥근 꽃이 무더기무더기 달려 있는데, 가까이서 보면 무수히 많은 작은 꽃잎이 수많은 꽃봉오리를 이루고 있다.

눈길을 사로잡는 것은 대문 안쪽에 위치한 우물. 여럿이 앉아 정담을 나눌 수 있도록 돼 있는데, 물건 하나하나에 주인의 정성이 묻어나고 있다. 두레박으로 물을 길어보는 것도 색다른 즐거움이다. 올 여름 휴가철 이 선생 가족이 이곳에 머물며 그림작업을 한다고 하니 한번쯤 찾아 그림을 감상해 보는 것도 좋을 것 같다. 대항마을 방파제 앞 가게 아주머니께 작업실을 물어보면 자세히 안내해 준다.

방파제 바로 옆엔 해수욕을 해도 좋을 만한 장소가 있다. 깨끗한 모래가 제법 쌓여 있는데, 사람의 손때가 아직 묻지 않은 듯하다. 가게 아주머니의 말에 따르면 조만간 주위에 흩어져 있는 돌들을 주워내고 단장해 이곳을 찾는 사람들에게 선보일 계획이라고 한다.

추도행 배편으로는 통영 여객선터미널에서 한려페리호가 오전 7시, 오후 2시 30분 두 번 운항하고 있다. 깔끔한 민박집이 추도에는 여러 곳 있어 숙박 걱정은 안 해도 된다.

거제 내도 낚시

낚시가 있어 삶이 풍요롭고, 물고기를 만나기에 인생이 즐거운 이들을 보면 덩달아 흥이 난다. 전문 꾼이 아니라도 좋다. 낚시질이 서툴러도 괜찮다. 차림새가 허술하고 낚시 장비가 좀 어설프면 또 어떤가. 자연과 사람의 만남, 사람과 사람의 조우(遭遇). 그 속에서 속진에 물들지 않은 순수를 한 아름 건져 올릴 수만 있다면 가없는 행복이리라.

꼭 계획한 것은 아니지만, 지역에서 그림활동을 하고 있는 두 사람과 가끔 시내를 벗어나 인근 바닷가를 찾곤 했다. 부담 없이 떠나 낚싯대 드리우고 흉금을 터놓을 수 있는 시간이 반복될수록 거제 내도 갯바위는 멀리 있지 않았다.

오후 4시 장승포에 도착. 바닷바람이 세차게 일어나고 있다. 낚시꾼들을 실어 나를 배가 출항할 수 있을지 걱정이 앞선다. "감시(감성돔)가 보고 싶은데, 손맛 좀 실컷 보게 해주소." 낚시점 사장과 낚시꾼들 간의 격의 없는 얘기가 정답게 느껴진다. 출항하는 데는 문제가 없어 목적지 내도에는 무사히 도착할 수 있었다.

포인트 뱃여에는 이미 여러 명의 꾼들이 도착, 낚시에 열중하고 있다. 오전에 감성돔 10마리를 낚아 올려 쏠쏠한 재미를 봤다는 이야기들이 들린다. 다행히 물색과 조류가 좋은 편이어서 서툰 실력이지만 어쨌든 손맛이 기대된다.

화가 이경수씨가 자신이 아끼는 장대를 쓰라며 선뜻 빌려준다. 오래전부터 낚시도구를 하나 둘씩 구비해 보라는 권유가 있었지만, 여유가 없는지라 차일피일 미루어오던 참이었다. 자신의 장비가 있어야 그만큼 낚시에 애착을 가질 수 있다는 말이 예사로 들리지 않는다.

섬 너머로 펼쳐지는 일몰을 감상하며 채비를 흘리기 30여분. 미세한 입질이 느껴지기 시작한다. 첫 어신(魚信)이라 잔뜩 긴장을 하고 챔질을 했더니 5㎝쯤 되는 잡어다. 기대가 크면 실망도 크다고 했던가. 이경수씨는 '초식(初食)'을 했다며 칭찬의 말을 잊지 않는다.

갯바위에서 하룻밤. 새벽녘에 이태수씨 얼굴을 보니 잔잔한 웃음이 번지고 있다. 실팍한 손맛을 본 게 틀림없다. 어망을 보니 25㎝ 돌돔의 몸놀림이 세차다. 낚시엔 굳이 대어를 목표로 하지 않아도 좋은 것 같다. 바닷가에서 느끼는 손맛과 가까이에서 듣는 사람살이, 그것으로도 족할 수 있다. 길지 않은 시간이었지만, 부산 사나이 정씨를 만난 것도 이번 조행의 수확이라면 큰 수확이다. 헤어짐은 만남을 예비하는 법. 부산 바닷가에서 있을 손맛을 기대해 본다.

사천 해안관광도로

호수처럼 잔잔하게 펼쳐져 있는 바다를 보면 포근함을 느낄 수 있어 좋다. 때론 비바람에 세차게 일렁이는 파도가 세상을 집어삼킬 듯 위협해 오지만 그것에 마음을 두지는 않는다. 백사장을 쓸며 살며시 오가는 물결을 바라보노라면 어디론가 떠나고 싶은 마음이 일어난다. 고깃배가 수평선 너머로 사라져 갈 때면 끊임없는 그리움이 솟구쳐 오른다. 슬프도록 푸르른 물결이다. 비가 내리거나 흐린 날 바닷가에 서 보면 우수에 잠겨 있는 듯한 물결을 만날 수 있어 또한 좋다.

사천시 해안관광도로는 기암괴석이 자태를 뽐내는 화려한 곳은 아닐지라도, 뭇사람의 발길을 끄는 아기자기한 멋이 있다. 산과 바다, 낭만이 어우러져 연출하는 풋풋한 아름다움은 다른 무엇에 비길 바가 아니다. 조용한 가운데 그리움의 한쪽을 붙잡고 바다를 향해 선다면 그것대로 값진 경험이 될 수 있으리라.

한 줄금 비라도 내리려는 듯 잔뜩 찌푸린 하늘이다. 사천공항에서 삼천포 쪽으로 난 신도로를 따라 달리는 여정이 그런 대로 분위기 있어 좋다. 그저께 내린 비로 도로 양쪽 가로수들은 청신한 신록을 자랑하며 청춘을 만끽하고 있다.

삼천포 방향으로 달리다 모충공원 쪽으로 우회전하면 포도밭과 배밭이 길손을 반긴다. 과실을 보호하기 위해 씌워놓은 봉지들이 나무에 대롱대롱 달려 재미있는 장면을 만들어놓고 있다. 과수원 주인의 정성어린 손길도 느껴진다. 여름 한철 인내하면 맑고 높은 가을하늘 아래 맛있는 과일을 맛볼 수 있으리라.

모충공원에서부터 삼천포어시장까지 이어지는 해안도로를 달리다 보면 그 앞으로 다양한 섬들이 눈을 즐겁게 한다. 저도 마도 둥근섬 신섬 늑도 학섬 초양섬 모개섬 코섬 등이 바다에 연이어 떠 있는데, 그 모습이 마치 그림 속 풍경 같다. 이들 섬 뒤로 커다랗게 버티고 있어 육지처럼 보이는 섬은 남해군의 창선도인데, 연륙교가 사천 대방동과 창선도를 잇고 있다.

해안도로 적당한 곳에 차를 세워두고 바다를 향해 서면 그곳이 바로 바다감상의 적격지다. 사천만의 물결은 남해도와 창선도로 인해 호수처럼 잔잔하다. 저 멀리 보이는 섬들이 해무에 싸여 신비로운 광경을 선사하고 있다. 마치, 안개가 산자락을 싸고도는 듯한 모습을 보여주고 있는데, 푸른 바다 위로 고깃배 한 척이 유유히 지나간다. 그야말로 한 폭의 수채화, 그림엽서에서나 볼 수 있는 진풍경을 만끽할 수 있다. 해안도로 5.8㎞ 전 구간이 절경이라 드라이브 코스로도 좋다. 잔잔한 물빛에 어리는 섬 그림자를 바라보는 것 또한 일품이다.

해안도로 중간쯤 아늑하게 다가오는 찻집들이 눈에 띈다. '노을' '쪽빛 언덕' 등 이름도 정답다. 찻집 창밖으로 내려다보이는 바다풍경은 고요함이 더해져 운치가 있다. 이런 흐린 날, 여름 바다의 야릇한 추억을 떠올리며 미소 지어 보는 것도 괜찮으리라.

해안도로를 따라 여러 곳에 포도밭이 조성돼 있어 마음은 벌써부터 과일 먹을 즐거움에 부풀어 오른다. 아직은 알이 여물지 못해 그 참맛을 볼 수는 없지만, 다음달쯤이면 포도의 탐스러운 자태와 맛을 실감할 수 있을 것 같다.

'내 고장 칠월은 / 청포도가 익어가는 시절 / … / 하늘밑 푸른 바다가 가슴을 열고 / 흰 돛단배가 곱게 밀려서 오면 / 내가 바라는 손님은 고달픈 몸으로 / 청포를 입고 찾아온다고 했으니 / 내 그를 맞아 이 포도를 따먹으면 / 두 손은 흠뻑 적셔도 좋으련 / 아이야 우리 식탁엔 은쟁반에 / 하이얀 모시 수건을 마련해 두렴' (이육사 시 '청포도' 中)

바닷바람을 쐬며 포도를 먹는 즐거움, 팍팍한 삶에 한 줄기 단비와 같은 휴식이 될 수도 있다. 나의 손님은 누구일까. 내 그를 위해 한 송이 포도라도 마련해 놓는다면 올 여름은 멋진 추억이 될 수 있으리라.

바닷바람을 흠뻑 맞으며 폐부에 짠 냄새가 녹아들 때면 삼천포항에 이른다. 항구에는 종일 사람들로 붐빈다. 가족단위, 혹은 단체관광객들의 나들이 장소로 즐겨 찾는 곳이기도 하다. 시원하게 펼쳐져 있는 바다를 보며 마음껏 소리라도 지르고 싶어진다. 포구 주위로 즐비한 횟집마다 횟감이 입맛을 한껏 돋우는데, 어항 속 활어들의 몸놀림이 세차다.

항구 옆 언덕 노산공원의 팔각정이 오뚝하니 솟아 있다. 사람자취가 일어도 비둘기들이 날아갈 생각을 하지 않는다. 삼천포항을 한눈에 조망하며 시원한 바닷바람에 땀을 씻어본다.

눈길을 사로잡는 것은 비둘기 형상의 돌이다. 삼천포가 낳은 불멸의 서정시인 박재삼 시인의 시비다. 바다가 바라다 보이는 한적한 곳에 자리 잡고 있는데, 받침돌에 '우리 고장이 낳은 시인 박재삼 시인의 시비를 그가 늘 올라 바라보기를 즐기던 이 한려수도의 한복판 노산공원에다 세워 세월과 함께 오래 기린다'라고 적고 있다. 시비에 적어 놓은 시 '천년의 바람'은 청정무구하면서도 홍미로운 이미지로 감동을 자아내고 있다.

고성군 마라톤코스

팍팍한 다리를 내디디며 앞서거니 뒤서거니 달리다 보면 자신과의 싸움이 시작된다. 달릴 것인가, 아니면 포기할 것인가. 아무리 힘들어도 끝까지 달려야 한다. 마라톤은 자신과의 싸움, 혼자만의 싸움에서 이겨낸다면 그 뒤에 오는 성취감은 이루 말할 수 없다.

고성군 동해면 일주도로는 주변 관광명소를 감상하며 달리기를 할 수 있는 천혜의 조건을 갖추고 있다. 보스턴 대회에서 영광의 월계관을 쓴 이봉주 선수가 훈련한 장소로도 유명한 곳이다. 이번 주말엔 가족과 함께 고성군 동해면으로 떠나보자. 마라톤코스를 달려보고 그 이후엔 주변 관광명소를 찾아 마음의 여유를 누려보는 것도 좋을 것이다.

천혜의 자연보고로 손꼽히는 동해면은 줄곧 바다와 인접해 있고 가는 곳곳마다 휴식처로 가득한 해안마을이다. 게다가 공룡발자국이 잇따라 발견돼 새로운 유적지로 알려지고 있다. 물때를 잘 맞추면 해안바위에 널려 있는 공룡발자국을 볼 수 있다.

2개 코스로 된 동해일주도로의 총 길이는 36km. 일주하는 데 1시간 정도 소요된다. 특히, 동해일주도로 주변에는 옛 소가야 유적지 고

분군과 낚시터, 그리고 해안절벽, 모래사장 등이 곳곳에 있어 역사탐방 코스로도 좋다. 망일포(매이리)와 내신마을 평돌바위, 장좌리 상장계곡은 동해면 일주도로의 절경으로 꼽을 만하다.

동해면 한내삼거리에서 보면 당항만이 한눈에 들어온다. 당항만은 임진란 때 이충무공이 두 차례에 걸쳐 왜선 57척을 전멸시킨 호국성역지. 이곳엔 기념사당, 기념관, 대첩탑 등이 있고 호수보다 더 잔잔한 당항만을 따라 정원 같은 동백숲길이 이어진다.

당항포관광지는 호국정신 함양과 자연교육, 가족 휴식공간으로 좋은 곳이다. 특히 자연사전시관은 이색적인 전시물로 뭇사람의 눈길을 끌기에 충분하다. 이곳은 자연을 이루는 모든 동·식물, 광물과 생태계의 과거 및 현재에 관한 모든 자료를 수집·보존함으로써 관람하는 모든 이에게 자연의 역사를 쉽게 학습할 수 있도록 하고 있다. 모두 203종 1,733점이 전시되고 있다.

고성에서 통영 가는 국도변(율대휴게소 100m 전방)에 자리잡고 있는 갈촌탈박물관은 탈 전문 박물관으로서 전시관, 놀이마당, 장승 야외전시관 등의 시설을 갖추고 있다. 우리는 보통 탈을 얼굴에 쓰는 것으로만 알고 있는데, 탈이 꼭 얼굴에 쓰는 것만을 의미하지는 않는다. 이곳에서는 장군 탈과 같이 무속에서 신의 모습을 뜻하는 것, 귀신을 쫓기 위해 사용한 탈, 장례식 등에 사용한 여러 가지 신성탈(신앙탈)을 갖춰 탈의 기원과 역사를 알 수 있도록 하고 있다. 또한 예능 탈인 고성오광대 탈을 비롯해 우리나라 13개 무형문화재에 쓰이는 탈들도 전시하고 있다.

탈박물관 관람을 마치면 인근에 있는 상족암을 찾아 떠나보는 것도 좋다. 상족암은 크고 작은 동굴과 층층 절벽이 다도해의 물빛과 어우러져 그야말로 장관을 이루고 있는 곳이다.

움푹 패어 곳곳에 널려 있는 공룡발자국의 신비는 상족암만이 갖는 최고의 매력. 이곳에는 기이한 형상의 동굴이 군데군데 뚫려 있으며, 바닷가 주변에는 태초에 선녀가 내려와 몸을 씻었다는 선녀탕을 비롯해 병풍바위, 촛대바위 등 갖가지 형상의 기암괴석이 즐비하다. 상족암 공룡발자국은 그 수와 분포면적이 지금까지 알려진 화석 중 세계적으로 가장 넓은 지역에서 산출되고 있어 지질학 연구에 귀중한 자료가 되고 있으며, 남해안의 리아스식 해안과 어우러져 장관을 이루고 있다.

성철스님 생가 및 겁외사

무소유 삶을 지향하며 한평생 진리를 깨치기 위해 정진했던 성철(性徹·1912~1993) 스님. 어지럽던 한국불교를 제자리에 돌려놓은 가야산 호랑이였고, 한국 불교의 얼굴이었다. 열반에 든 지 7년이란 시간이 흘러갔지만 스님이 일반대중들에게 풍겼던 '구도의 향기'는 오히려 짙어져만 간다.

승려는 수행만이 중생을 위하는 길이라며 일절 모습을 드러내지 않고 암자에 칩거, 수도에 전념하셨던 성철스님이 1981년 조계종 종정직을 수락하면서 사부대중에게 보낸 법어가 떠오른다. '산은 산이요 물은 물이로다.' 세속적 이해다툼으로 분쟁의 나락에 빠져든 종단에 대한 일갈이었으며, 참된 자아를 잃고 암흑세계에서 방황하는 일반대중에게 던진 청량법음이었다.

무서우리만치 자기에게 엄격하며 한 치의 흐트러짐도 용서치 않고 수도정진했던 성철스님. 이제 그의 무소유 삶의 모습과 청정무구한 구도정신이 산청군 단성면 묵곡리에서 되살아나고 있다.

성철스님은 "인간은 철저히 고독해 봐야만 생명의 근저에 접근할 수 있으며, 번뇌 속에 갇혀 있는 여래를 보기 위해서는 수행인은 누구나 스스로 생사의 절망을 체험해 보아야 진아(眞我)를 확인할 수 있다. 그러기 위해서는 세속과의 접촉을 피하고 자기에게 맞는 수행공간이 필요하다"라며 수행인의 자세를 강조했었다. 이러한 생각 때문이었는지 스님은 살아서 속인을 잘 만나 주지 않았고 짧은 친견에도 3,000배를 해야 되며, 특히 신문 등의 인터뷰에는 극구 피했다. 재계나 정계 저명인사도 수백 배까지 하다 좌절하고 돌아가는 예도 많았다. 하지만, 이젠 누구든 마음만 먹으면 묵곡리에서 스님과 쉬 만날 수 있어 묘한 흥분에 휩싸이게 된다.

성철스님 생가 및 겁외사를 찾아가는 날은 날씨마저 화창했다. 진주에서 고속도로로 달리면 30여 분 정도면 닿을 수 있는 거리. '생가복원 및 겁외사 창건 회향법회' 때 이후 묵곡리는 두 번째 나들이길이다.

진주~대전 고속도로를 타고 가다 산청 단성인터체인지에서 빠져 시천면 쪽으로 2.4㎞ 가면 단성면 묵곡리가 나온다. 진주 남강 지류인 경호천을 끼고 있는 이곳에 성철스님 생가와 겁외사(劫外寺)가 있다. 이 일원은 '문익점 면화 시배지'와 남명 조식의 제자들이 스승을 기리며 세운 덕천서원과 세심정이 있는 유서 깊은 곳이기도 하다.

산청군 단성면 묵곡리는 성철스님이 출생(1912년 음력 2월 19일)한 마을로, 스님은 1936년 동산스님을 은사로 출가하기 전까지 24년 간 이곳에서 살았다. 부친인 율은(栗隱) 이상언옹은 대지주였는데, 7남매 가운데 장남이었던 성철스님이 출가하자 심한 충격을 받고 인근지역으로 이주해 버린다. 이후 허물어진 생가는 복원되기 이전까지 논밭으로 있었다.

해인사 성철스님문도회와 산청군은 지난 1998년 성철스님 열반 5주기를 맞아 단순한 생가복원 차원을 넘어서서 성철스님기념관을 세워 수행의 정신과 그 가르침을 기리고, 또한 겁외사를 건립하여 종교를 뛰어넘는 수행과 가르침, 포교의 공간을 조성하기로 했다. 생가 자리였던 장소엔 한옥형태의 집들이 들어서 있다. 생가는 옛 모습 그대로를 복원한 것이 아니라 기념관 용도로 건립되었고, 그 앞쪽에 창건된 겁외사라는 사찰과 함께 어울리며 아담하게 자리잡고 있다.

생가 쪽으로 들어가면 제일 먼저 나타나는 것이 겁외사. '시간과 공간을 초월한 절'이라는 의미로 영원한 진리를 추구하고자 했던 성철스님의 수행자적 의지가 담긴 이름이라 할 수 있다. 겁외사 정면 중앙엔 한 손으로 주장자를 잡고 서 있는 스님의 동상이 보인다. 좌대 3m를 포함해 6m 규모인 이 동상은 세속적인 번뇌와 욕망에 사로잡혀 '밝은 달'을 보지 못하는 우리에게 깨우침의 길을 알려주고 있는 듯하다.

'부처님께서 말씀하신 법문도 따지고 보면 모두 달을 가리키는 손가락에 지나지 않는다. 누구든지 달을 가리키는 손가락인 말과 문자를 좇지 말고 저 달을 바로 봐야 한다.'(1983년 하안거 성철스님 법어)

성철스님 부친인 이상언옹의 호를 따 율은고택(栗隱古宅)으로 명명한 생가는 크게 유물전시관과 안채, 사랑채로 구분된다. 안채를 중심으로 왼쪽 편에 건립된 성철스님기념관엔 스님의 유품·유필 자료 등을 전시하고 있는데, 평생 깨달음을 추구했던 한 수도승의 고뇌와 번민, 그리고 다짐과 깨달음이 가득하다. 전시실로 들어서면 우선 스님이 평생 지녔던 누더기 한 벌과 검정 고무신이 눈에 들어온다. 수없이 깁고 기워 속인들이라면 벌써 버렸음직한 볼품없는 옷이다. 이를 통해 스님이 한평생 지녔던 무소유 정신을 잘 읽을 수 있다. 스님이 속세에서 읽었다고 기록한 책 목록들도 눈에 띈다. 거기엔 칸트의 '순수이성비판'을 비롯해 '하이네 시집', '민약론', '철학개론', '중용', '대학' 등이 적혀 있다.

안채와 사랑채는 성철스님의 생가를 그대로 복원한 것은 아니고 당시의 일반적인 한옥의 형태로 건립된 기념관이다. 안채는 스님의 부친방 모습을 재현하였고, 안채 왼쪽엔 스님이 30년 동안 머물며 지냈던 해인사 백련암 염화실이 재현돼 있다. 평생 사용하던 낡은 책상과 의자, 한여름 햇살을 피하기 위해 쓰던 삿갓 등 스님의 체취가 묻어있는 일상적인 물건들이 진열되어 있다.

성철스님은 속인의 모습으로 이 땅에 태어났지만 영원한 진리와 행복을 찾고자 하는 일념으로 부처의 길을 택해 정진했다. 그 누구도 따라올 수 없는 철저한 수행과 무소유의 삶으로 '우리 곁에 왔다간 부처'로 추앙받고 있다.

올바른 삶의 모습은 진정 어떤 것일까. 성철스님이 그러했듯, 한평생 답을 찾아 헤매다 떠나가는 것이 우리 인생길인지도 모른다. 삶이 팍팍하거나 힘들어질 땐 이곳을 찾아 마음의 여유를 가져보는 것도 괜찮으리라.

하동 쌍계사 일원

요즘 경남 하동군 섬진강변을 달리노라면 잔설(殘雪) 속에서도 봄기운을 느낄 수 있다. 살랑살랑 불어오는 강바람 속에 상큼한 꽃내음이 묻어나는 것 같다. 머지않아 벚꽃이 앞 다퉈 피어나리라. 오랜만에 나서는 나들이. 겨우내 움츠렸던 몸과 마음을 봄이 오는 길목에서 재충전해 보는 것도 괜찮으리라.

섬진강을 따라 거침없이 펼쳐져 있는 모래사장을 보면 마음까지 맑아진다. 섬진강 물이 빚어내는 아름다운 빛깔은 신이 우리에게 준 선물은 아닐까 하는 착각에 빠져들게 한다. 파란 물결의 넘실거림, 강물은 하늘과 맞닿아 있는 듯하다.

하동군 화개면 삼거리에서 강줄기를 바라보면 그 옛날 조상들 삶의 흔적을 지금도 확인할 수 있다. 하동군 화개와 전라도 간전을 이어주는 줄배가 그것이다. 줄을 당겨 배를 움직인다는 것에 왠지 호감이 간다. 줄배는 화개장터와 더불어 경상과 전라를 지리적으로 이어주는 것뿐만 아니라 두 지역 사람들의 마음까지 이어주는 역할을 하고 있다.

오늘은 하동군 화개면 대성리 의신마을의 '삼신산 고로쇠약수제 행사'를 찾아가는 길. 고로쇠약수제는 경칩을 전후해 매년 열린다. 화개면 고로쇠생산자협회가 주최하고 하동군이 주관하는 이 행사에는 고로쇠수액의 신비성을 널리 알려 관광객을 많이 유치하고 지역경제 활성화를 바라는 면민들의 마음이 담겨 있다.

통일신라 말 도선 국사가 백운산에서 수개월 간 가부좌해 도를 닦은 후 득도하여 일어서려는데 무릎이 펴지지 않았다. 이에 나뭇가지를 붙들고 겨우 일어나 부러진 나뭇가지에서 떨어지는 물로 목을 적시니 곧바로 무릎이 펴졌다. 이에 이 수액을 골리수(骨理水)라 했고, 지금은 고로쇠로 많이 알려져 있다.

면민들의 푸짐한 인심 덕에 뼈에 이롭다는 고로쇠수액을 맘껏 마시고 발길을 쌍계사로 돌렸다. 지리산의 웅장한 산세를 끼고 있는 천년고찰 쌍계사. 쌍계사는 십리벚꽃길로 더 알려져 있을 만큼 계곡이나 주위경관이 빼어난 명승지다. 계곡 곳곳에 밀어(密語)를 나누는 듯 모여 있는 바위들의 모양이 아기자기해 보기 좋으려니와 시원스레 흘러내리는 물줄기 또한 절경을 이루고 있다. 명경지수(明鏡止水)라는 말이 사전 속의 말만은 아니라는 생각이 든다.

수많은 사람이 오늘도 절과 산을 찾고 있다. 계곡을 오르내리며 맑디맑은 계곡물을 보며 무엇을 생각할까. 속세의 티끌을 씻어내는 것도 좋을 것이다. 계곡물을 한 움큼 마셔본다. 온갖 잡다한 생각이 사라지는 것은 마음이 무구(無垢)한 물을 닮아가기 때문이리라.

쌍계사는 합천 해인사의 말사로 신라 문성왕 2년(840) 진감선사(眞鑑禪師) 최혜소(崔慧昭)가 개창해 처음에는 옥천사(玉泉寺)로 불리다가

정강왕(定康王·재위 886~887) 때 명칭을 바꿨다. 쌍계사에는 국보 1점(진감선사대공탑비), 보물 3점(대웅전, 팔상전영산회상도, 부도)의 지정문화재와 일주문, 천왕상, 정상탑, 사천왕상 등 많은 문화유산이 있다.

나들이엔 먹고 쉴 만한 곳이 필요하다. 사람들이 머무는 곳 어디나 마찬가지겠지만 쌍계사 주위에도 숙박시설이 즐비하다. 다들 비슷비슷한 모습을 하고 있어 새로움은 없었는데, 마침 화개온천리조트를 발견한 것은 다행스러운 일이었다.

화개온천리조트는 하동군 화개면 삼신리에 자리하고 있는데, 수려한 자연경관에 어울리는 최신식 건물로 지어졌다. 쌍계사와는 불과 5분 정도의 거리. 200명이 동시에 온천욕을 즐길 수 있다니 그 규모가 놀랍다. 온천물에 몸을 담가 하루의 땀을 씻는다. 몸속에 쌓인 피로를 풀며 건강하게 숨쉴 수 있다는 사실에 감사한다.

지리산에는 예부터 유명한 약수 나오는 곳이 둘 있었는데 그 중 하나가 화개약수였다고 한다. 이곳 리조트에서 화개장터 쪽 약 500m 지점에 있다. 화개약수는 유황광천수로 유명하며 물이 좋아 일찍부터 온천파기가 약수터 주변에서 시도됐으나 모두 실패했다. 하지만 끊임없이 작업을 시도한 결과, 국내에서 게르마늄 함량이 제일 많은 온천을 개발하는 데 성공했다. 화개온천리조트가 바로 그곳이다.

욕탕과 사우나실이 천연 옥으로 꾸며져 있다. 실내장식에 심혈을 상당히 기울였음을 알 수 있다. 옥은 예로부터 혈액순환과 신진대사, 기관지 천식과 신열을 멎게 하는 등 건강에 도움이 되는 것으로 알려져 있다. 주위 풍광을 감상하며 온천욕을 즐길 수 있도록 공간배치가 돼 있다. 온탕에 들어서면 한 폭의 동양화 같은 화개 계곡이 창으로 환히 비쳐 들어온다. 오래도록 탕 속에 있고 싶은 마음이 절로 일어난다.

전북 마이산

눈이 내렸다. 마이산 인근에 하얗게 눈이 내려 그야말로 설국 그 자체였다. 20여 년 전 수학여행 때를 더하면 마이산과의 만남은 이번이 두 번째. 마이산은 진주 대전 간 고속도로를 타고 달리면 진주에서 1시간 30여 분이면 도착할 수 있다. 진대고속도로의 개통으로 이젠 손쉽게 다가갈 수 있는 명소 가운데 하나가 전북 마이산이다. 이번 주말, 가족과 혹은 연인과 함께 전북 마이산으로 떠나 눈 덮인 마이산의 절경을 한번 감상해 보자.

산청 함양을 지나 시원스레 쭉쭉 뻗은 도로가 마음을 밝게 한다. 막힘없이 달리는 차창 밖으로 늦가을 서정이 물씬 밀려오는데, 어디론가 떠난다는 사실에서 가벼운 홍분감마저 일어난다. 진주에서 1시간여 달리니 전라북도를 알리는 이정표가 눈앞에 다가선다. 직선으로 길게 뚫린 육십령터널을 지나자 온통 눈 세상이다. 눈부시다. 올 들어 눈은 처음인지라 우선 반가운 마음에 웃음을 지어본다.

마이산은 다른 산과는 달리 동물 형상을 하고 있는 바위산이다. 두 개의 봉우리가 하늘을 향해 두 귀를 쫑긋 추켜세운 듯한 모습을 하고 있다. 지난 1979년 도립공원으로 지정된 명산 중의 하나. 봄에는 '돛대봉', 여름에는 '용각봉', 가을에는 '마이산', 겨울에는 '문필봉'으로 계절마다 각각 다른 이름과 멋을 갖고 있다. 음산과 양산이 합쳐진 부부산으로, 멀리서 보면 두 개의 봉우리로 보이지만 가까이서 보면 그 사이에 작은 봉우리가 하나 더 있어 한가족처럼 보인다.

하늘을 찌를 듯 우뚝 솟아있는 수마이봉과 암마이봉은 600~700m로 별로 높지는 않지만 정말 신비로운 점이 많다. 어떻게 이런 산이 생겨났을까. 거대한 바위 두 개를 심어놓은 것도 같다. 마이산은 가까이서보다는 멀리서 바라볼 때 그 형상이 온전히 드러나 그 멋스러움을 만끽할 수 있다.

'옛날 남녀 두 신선이 이곳에서 자식을 낳고 살다가 등천할 때가 되어 남신(男神)은 밤에 떠나자 하고 여신은 무서우니 낮에 떠나자 하다가 이른 새벽에 등천하기로 하였다. 새벽에 두 신선이 등천하려 할 때, 산 아랫자락에 물 길러 나온 아낙이 보고 "산이 자라고 있다" 소리를 지르자 그대로 주저앉아 산이 되었다'는 마이산 전설. 예전에 본 마이산이 평범한 흑말이었다면, 오늘 보는 마이산은 흰 털을 나부끼는 백말이라 한다면 너무 과장된 표현일까. 눈으로 하얗게 덮여 있는 마이산은 보면 볼수록 진풍경이다.

북부주차장에서 계단을 따라 20여 분 오르고 내리면 화암굴을 지나 은수사, 탑사까지 다녀올 수 있다. 마이산 오르는 계단 좌우로 서 있는 감나무에 주렁주렁 달린 붉노란 감들이 눈꽃과 어우러져 절경을 만들어내고 있다. 나무 위를 올려다보니 다람쥐 한 마리가 감 한 개를 따 먹고 있는데, 사람의 자취가 일어도 움직이지 않는다. 먹는 폼이 꽤 익숙해 보인다.

크고 작은 돌을 이용해 만든 돌탑이 무리를 이루고 있는 마이산 탑사. 80여 개에 이르는 이 탑들은 불교 신도 이갑용 처사가 수도하던 중에 쌓은 것으로 알려져 있는데, 돌을 쌓아 만든 신비스러움이 그대로 묻어있는 것 같다. 그 중 가장 신비로운 것이 바로 전북기념물 제35호인 천지탑이다. 이 처사가 계시를 받고 이곳으로 들어와 30여 년에 걸쳐 쌓았다고 하는 천지탑은 13m 높이의 원뿔 형태로 하나의 몸체가 갈라져 두 개의 탑을 이루는 독특한 형태이다.

탑사에서 300m 정도 떨어진 은수사는 겨울철 정화수를 떠놓으면 하늘을 향해 거꾸로 자라는 역고드름으로 유명하다. 이밖에도 보물 제1266호인 괘불탱화가 소장된 금당사, 이성계가 심었다는 청실배나무, 천황문 등도 마이산의 볼거리.

마이산 정상에서는 물고기와 조개류 화석을 발견할 수 있는데, 이것은 원래 호수였던 이곳이 지각변동으로 인해 봉우리로 솟았기 때문이라는 설명도 전해진다. 매년 봄이 되면 벚꽃이 만개하는 마이산 입구에서는 벚꽃축제가 열린다고 하니 때를 잘 맞춰 이곳을 둘러봐도 좋을 듯하다.

가파른 산길을 택하지 않는다면 1~2시간 정도의 가벼운 산행을 즐길 수도 있다. 북부주차장 쪽에서 시작하는 것이 수월하며, 수마이봉 쪽은 조금은 어려운 코스다. 등산코스는 다양한데, 북부주차장~천황문~탑군~탑영제~금당사~남부주차장 코스와 남부주차장~고금당~광대봉~합미성 코스가 대표적. 주변 관광지로는 백운동 계곡, 풍혈냉천, 월평계곡 등이 있다. 진주 방면에서 자가용을 이용할 경우, 찾아가는 길은 진대고속도로 육십령터널을 조금 지나 장수톨게이트에서 빠지든지, 아니면 덕유산톨게이트에서 나와 장계방면으로 가도 된다.

마이산 인근에는 향토음식점이 즐비해 먹을거리를 다양하게 즐길 수 있다. 또한 숙박시설도 잘 돼 있는 편인데, 마이산 북부주차장으로 가는 쪽엔 민박집이 많이 조성돼 있다. 여유를 갖고 하루쯤 숙식을 하며 주변관광지를 둘러봐도 좋을 것이다.

대마도 속 한국 역사 · 문화 탐방

지난 가을(1997년 10월) '대마도 내 한국 역사·문화 탐방' 기행은 대마도 속의 우리 문화유산과 만나게 해준 소중한 경험이었다. 이를 통해 대마도(對馬島)의 어제와 오늘을 새롭게 인식할 수 있었다.

그 옛날 우리 조상들이 무수히 이주 정착해 살았던 땅, 대마도. 아직도 그곳엔 우리 조상들이 남겨 놓은 유형 무형의 문화유산들이 오랜 세월의 흐름 속에서도 생생히 숨쉬고 있다.

대마도에 세워진 최익현(崔益鉉)·박제상(朴堤上) 순국비(殉國碑). 그토록 싫어하던 일본 땅에 두 분의 추모비가 쓸쓸히 서 있다. 살아서는 왜인(倭人)들에게 죽임을 당하고, 죽어서는 대마도인들에 의해 두 분의 우국충정이 복원되는 현실, 역사의 아이러니를 생각하지 않을 수 없다.

이즈하라(嚴原) 밤거리 가로등에 사용돼 반짝이는 통신사 행렬도. 매년 8월 첫째 주 토·일요일엔 '대마도 아리랑 축제'를 열어 조선 통신사 행렬을 재현·복원하는 대마도인들. 대마도는 역사의 뒤안길로 사라져 가는 것이 아니라 새로운 모습으로 우리에게 다가오고 있다.

가깝고도 먼 대마도

그 옛날 우리 선조들이 수없이 오고 갔던 대한해협. 주자학 등 대륙의 문물을 일본으로 실어 나르던 통신사의 길이었다. 거칠게 출렁이는 험한 파도를 타고 인삼과 목면을 일본으로 흘러들게 했고, 담배 고추 고구마 등이 이 길을 통해 한반도로 전해졌다.

지금으로부터 15만 년 전 함몰돼 산섬(山岳)이 되었다는 대마도. 대마도는 부산에서 49.5km(거제 지세포로부터 47km) 떨어져 있고, 일본 규슈(九州)로부터는 147km에 놓여 있다. 지리적으로 볼 때 한국은 대마도와 가장 가까운 거리에 있는 나라인 셈이다.

대마도는 우리에게 먼 땅이기도 하다. 지난날 우리의 영토였던 대마도가 오늘날 일본 나가사키(長岐)현에 속해 남의 나라 땅이 돼 있기 때문이다. 일제의 속박에서 벗어난 지 50여 년. 한국과 대마도 간에는 아직 정기항로 하나 개설돼 있지 않다. 이는 대마도를 우리에게 개방하지 않으려는 일본이 의도에서 비롯된 것이다.

대마도 북단 와니우라(鰐浦)에서 바라보는 부산의 모습은 부산에서 바라보는 대마도보다 뚜렷하게 보인다고 한다. 세계의 관문으로 발전한 부산의 모습을 대마도에서 바라보는 뿌듯함. 부산항에서 대마도로 출발할 때, 대마도에서 볼 부산 모습을 기대감 속에 얼마나 그렸는지 모른다.

부산항에서 뱃길로 1시간 30여 분. 대마도에 도착해 와니우라에 있는 '한국전망대'에 올랐다. 기대가 크면 실망도 큰 법이라고 했던가. 바다 위로 안개가 자욱이 끼어 있다. 지난날 잘못된 한일 관계에서 쌓인 우리의 응어리를 대한해협의 해무가 대변하는 것 같았다. 안개는 쉽사리 걷히지 않을 모양이다.

우리의 유적·유물

대마도 중간에 위치한 미네초우(峰町). 이곳 미네(三根)라는 마을에 봉정 중앙공민관(中央公民館)이 자리하고 있다. 도로 옆에 자리잡은 아담한 건축물. 현민(縣民)들의 구직알선과 평생학습 등을 돕기 위한 공공기관으로 우리의 사회복지기관과 흡사하다.

우리 일행의 발길을 끄는 것은 이 건물 안에 있는 역사민속자료관이었다. 방문단 일행은 마치 우리나라 어느 박물관에 와 있는 듯한 착각에 빠졌다. 한국형 토기, 고려불상, 신라불상, 돌칼, 보습, 지게, 풍로 등 낯익은 것들이 너무 많았기 때문이다.

일본 본토에는 없고 한국과 대마도에서만 볼 수 있다는 지게. 이곳에선 이 농기구를 일본어가 아닌 우리말 '지게이'로 부르고 있다. 말까지 닮은 유사성. 대마도와 한반도 간의 긴 교류역사를 보여주는 것이리라.

미네초우 사카(佐賀) 마을. 이곳에 대마도 도주(島主)의 원찰(願刹)인 원통사가 있다. 그 옛날 사카 포구는 조선과의 무역항으로 붐비던 곳이라 이 절에는 조선 선비들의 글씨와 문인화 등이 보존돼 있다.

방문단의 눈길을 사로잡는 것은 절 입구에 놓인 계단을 층층이 밟고 올라서면 오른쪽으로 얼굴을 내미는 종(鐘)이다. 어디서 많이 본 듯한, 우리에게 친숙한 조선종이라는 것을 단박에 알아차릴 수 있었다. 외국에서 한국사람을 만난 반가움인 양, 시선을 종에서 뗄 수 없다. 함께 했던 향토사학자의 상세한 설명이 이어진다.

종두(鐘頭)는 용 두 마리가 여의주를 물고 있는 형상이며 종신(鐘身)은 2단, 둘레에는 파상문이 있다. 종신의 사방(四方)은 당초문(唐草紋)으로 둘렀으며 그 사이에 4명의 보살을 빚어 놓았다. 보존 상태는 좋아 보였다. 하지만 줄을 너무 높게 매달아 소리를 제대로 살려 내지 못하고 있는 것이 안타까웠다.

대마도 남단 이즈하라는 우리나라 통신사(通信使)와 인연이 깊은 곳이다. 조선에서 건너간 통신사가 지나갔던 길을 따라 지금도 통신사 행렬을 향수처럼 간직하고 있는 대마도인들. 통신사는 경제 문화의 전령사였다. 주자학 등 대륙의 문물을 전파해 일본 문화가 도약할 수 있는 계기를 마련해 주었다.

이곳 이즈하라엔 조선 통신사 행렬도가 전해지고 있어 눈길을 끈다. 현재 확인된 통신사 행렬도는 6종류인데 이즈하라 대마역사민속자료관에 2종류가 보관돼 있다. 특히 도주(島主) 종씨가(宗氏家)에서 소장하고 있는 행렬도는 연대가 확실한데, 1711년(숙종 37) 이전의 통신사 행렬을 묘사한 가장 오래된 그림이다. 모두 2개의 두루마리에 정사(正使)·종사관(從事官) 등 통신사의 모습과 경호무사·기마무사 등 모두 530명의 인물을 약동적으로 그리고 있다. 이 그림은 기록이나 문서와 비교할 수 없는 역사적 자료로서 높이 평가될 만하다.

대마도 북단 가미쓰시마(上對馬)의 와니우라에는 이팝나무가 5월이 되면 산을 하얗게 덮는다고 한다. 대한해협을 바라보고 예부터 한국으로 가는 요로였던 곳. 이곳 오성산(五成山) 경룡원(慶龍院)에 조선의 약사여래좌불(藥師如來坐佛)이 전해지고 있다.

낯선 한국인의 방문에 녹차를 대접하며 반갑게 맞는 경룡원 대마도 여인. 말끔히 단장된 마당에서 잠자던 황견(黃犬)이 취재단의 갑작스러운 방문에 경계의 눈빛으로 부산을 떤다.

경룡원의 좌불은 적송(赤松)으로 다듬은 수작이다. 바른손은 어깨쪽으로 들어올렸고 왼손은 무릎 위 수평으로 들어올려 거의 배꼽 쪽에 이르고 있었다. 손바닥에는 약단지를 올려놓고 있다. 불상 복장(腹藏)에 경문(經文)과 곡물, 그리고 광물이 들어 있는 것이 확인되었다고 한다.

#최익현의 우국충정

"적(敵)이 주는 한 모금의 물도 먹지 않겠다." 유배지 대마도에서 왜인이 주는 음식물을 거절하며 죽어 간 면암(勉庵) 최익현(1833~1906). 죽어서도 마음의 응어리가 한으로 남았을 면암. 그토록 싫어하던 일본인에 의해 면암의 비가 세워졌다.

면암의 영정이 보관돼 있는 이즈하라 창원포(昌原浦)의 수선사(修善寺). 면암의 유해가 한국으로 옮겨지기 전 3일 간 머물렀던 곳이다. 이곳에 최익현 순국비가 쓸쓸히 세워져 있다.

1904년 러일전쟁이 터지고 일본의 침략이 노골화하자 면암은 고종의 밀지를 받고 상경해 왕의 자문에 응한다. 일본 차관(借款) 금지, 외국에 대한 의부심(倚附心) 금지 등을 상소하고 매국인들의 처단을 강력히 요구하다 두 차례나 일본 헌병들에 의해 향리로 압송된다.

면암은 1905년 을사늑약이 체결되자 8도 사민(士民)에게 포고문을 내어 항일투쟁을 호소하고 납세거부, 철도 이용 안 하기, 일본상품 불매운동 등을 촉구했다.

면암은 임병찬(林秉瓚), 임락(林樂) 등 80여 명과 함께 전북 태인에서 의병을 모집, 일본 배신 16조를 따지는 '의거소략(義擧疏略)'을 배포한 후 순창에서 약 400명의 의병을 이끌고 일본군에 대항해 싸웠다. 뜨겁게 타오르는 구국의 일념으로 적(敵)과 싸웠으나 면암은 끝내 체포되고 임병찬, 유준근과 함께 대마도에 유배되는 신세가 되었다.

면암의 우국충정은 유배지에서도 변함이 없었다. 왜인이 주는 음식물을 적이 주는 것이라며 거절, 단식을 계속했다. 그러면서 유소(遺疏)를 구술, 임병찬에게 초(抄)를 올리게 했다. "내 늙은 몸으로 어이 원수의 밥을 먹고 더 살겠느냐. 너희나 살아 돌아가 나라를 구하라." 선생은 이 말을 남긴 채 결국 대마도에서 운명했다.

국가 간엔 선린우호가 강조되지만 한 쪽의 힘이 약해져 힘의 균형이 깨어지면 침략과 고통의 관계가 된다는 역사적 사실을 우리는 잘 알고 있다. 20세기 초 열강의 틈바구니 속에서 나라를 잃고 고통을 받아야 했던 암울한 우리의 역사. 일제는 갖은 만행으로 우리의 혼까지 지배하려 했다.

일제의 속박에서 벗어난 지 50여 년. 지나온 그 시간은 우리에게 무엇이었을까. 흐르는 역사는 되풀이되는 법. 다가오는 21세기, 세계화를 위해 우리가 준비해야 할 것은 무엇인가. 최익현 선생의 우국충정을 마음에 새겨본다.

박제상 순국비와 망혼석(望魂石)

대마도 북쪽 가미아가타초우(上懸町) 도기공원(棹崎公園) 미나토 해변에 박제상 순국비가 서 있다. 이곳 사후미미나도(租海水門)에서 박제상이 순국한 것으로 알려져 있다.

1988년 한일 관계자들이 박제상의 충절을 기리기 위해 세운 순국비. 비문은 '신라국사 박제상공 순국지비(新羅國使 朴堤上公 殉國之碑)'라 되어 있다. 비 건립에 사용된 돌은 한국에서 가져온 것이라 한다.

"차라리 계림(鷄林·신라)의 개나 돼지가 될지언정 왜국의 신하가 되지는 않겠다." 충신의 표상으로 잘 알려진 박제상. 그의 기념비가 왜

하필이면 일본 땅 대마도에 서 있는 것일까. 왜국의 신하가 되느니 차라리 신라의 개·돼지가 되겠다던 박제상. 대마도에서 그의 비를 보며 신라 충신 박제상을 다시 생각해 본다.

신라의 국력이 약화됐을 때 내물왕의 둘째 왕자 복호(卜好)와 셋째 왕자 미사흔(未斯欣)이 각각 고구려와 왜(倭)의 인질이 돼 잡혀간다. 내물왕에 이어 즉위한 눌지왕은 두 동생을 그리워하며 눈물 흘리지 않는 날이 없었다.

417년 삽량주(揷良州)의 간(干)으로 있던 박제상은 즉위한 눌지왕의 명을 받고 고구려에 볼모로 가 있던 복호를 지략과 계교로써 구출, 무사히 귀국시킨다. 복호를 만나 본 왕은 다른 동생 미사흔을 만나고 싶은 마음이 더 간절해졌다. 한편으로 기뻐하고 다른 한편으로는 슬퍼하며 눈물이 마르지 않았다. 박제상은 이에 왜로 거짓 망명을 하고 미사흔을 탈출시키는 데 성공한다. 그러나 정작 그 자신은 왜 병사에게 잡히는 몸이 되고 만다.

왜 왕은 박제상의 충정과 용기에 감탄, 그를 자신의 신하로 삼고자 감언이설과 협박으로 회유했으나 뜻을 이루지 못한다. 잔혹한 고문에도 박제상은 '계림의 신하'로서 절개를 굽히지 않았다. 왜 왕은 결국 그를 굴복시키지 못할 것을 알고 목도(木島)라는 섬 속에서 불태워 죽였다.

설화에 의하면 박제상의 아내는 돌아오지 않는 지아비를 기다리다 망부석(望夫石)이 되었다고 한다. '무사귀환을 바라는 돌' 망부석. 여기에는 지아비를 기다리는 아내의 애절한 마음이 담겨 있으리라.

죽음이 다가와도 왜의 신하가 되는 것을 완강히 거절했던 박제상. 죽음보다 더 싫어했던 일본 땅에, 그것도 일본인의 의해 그 정신이 복원되는 역사의 아이러니를 보게 된다.

그의 영혼이 대마도 하늘을 떠돌고 있다면 우리는 무슨 말을 할 수 있을까. 박제상의 우국충정을 일본인에게 빼앗겼다고 한다면 지나친 말일까. 영혼마저 일본 땅에 떠돌고 있는 안타까운 현실. 이제라도 우리는 박제상의 고귀한 정신을 되찾아 와야 한다. 왜냐하면 망부석 설화와 함께 망혼석(望魂石) 설화를 우리 후손에게 물려줄 수 없기 때문이다.

대마도에 부는 바람

대마도에 도착하면 제일 먼저 눈에 띄는 것은 이즈하라 여객터미널 이곳저곳에 붙어 있는 '환영' '쓰시마에 잘 오셨습니다'란 한국어다. 심지어 공중화장실에서도 한국인에 대한 대마도인의 배려(?)를 확인할 수 있다. '담배꽁초는 휴지통에 버려 주십시오.'

우리나라 거제도보다 조금 크며 제주도보다 작은 섬, 인구 4만 6,000여 명의 대마도에 한국바람이 불고 있음을 느끼고 확인할 수 있었다.

이즈하라 문화원의 한국어강습소는 한국어 학습 열기로 뜨겁다. 대마도 1년 관광객 10만 명 가운데 한국인은 평균 3,000명 정도. 대마도인들이 왜 굳이 한국어를 배우는 것일까. 그것은 앞으로 있을 한국과의 교류를 위한 그들의 노력임이 분명했다. 한국어 열기는 관공서에서도 마찬가지다. 특히, 이즈하라청 국제교류계는 한국을 중심으로 한 업무를 담당하는데 부산과의 교류에 주력하고 있다.

일본의 오지로 남아 있는 대마도. 대마도인들은 그들의 발전을 위해 한국을 필요로 하고 있는 것이다. 역사적·지리적으로 가까운 한국과의 직거래, 특히 부산과의 교류를 간절히 바라고 있다. 이러한 대마도인들의 노력은 다른 데서도 엿볼 수 있다.

매일 낮 12시가 되면 이즈하라시청에서는 시보(時報)를 시내 전역에 울려 퍼지게 한다. '무궁화 무궁화 우리나라 꽃 삼천리 강산에 우리나라 꽃….' 우리에게 익숙한 우리 동요 '우리나라 꽃'이다.

그들은 또 최근 한국인들을 위한 명소를 만들었다. 한국전망대와 해류를 타고 떠내려온 한국인 사상자를 위해 세운 '조난자위령비(遭難者慰靈碑)', 와니우라의 '조선국역관사순난지비(朝鮮國譯官使殉難之碑)가 그것이다. 심지어 그들은 최익현·박제상 순국비를 건립해 한국의 정신을 복원하고 있다.

매년 8월이 되면 이즈하라에서 조선 통신사 행렬을 재현·복원하는 대마도인들. 그들은 21세기 현대판 통신사를 꿈꾸고 있는지도 모른다.

우리에게 새롭게 다가오고 있는 대마도. 우리의 선택과 준비는 어떠해야 할까. 그 옛날 대한해협을 오가며 우리 문화를 일본으로 전파하던 조상들을 생각해 본다.

기 념 패

3년 7개월이 쏜살같이 흘렀습니다.

불철주야(不撤晝夜) 몸을 사리지 않는 희생정신으로

맡은 일에 최선을 다해 주셨습니다.

당신과 동고동락(同苦同樂) 했던 소중한 시간들은

잊을 수 없는 물망초(勿忘草)의 꿈이 돼

오래도록 기억될 것입니다.

거친 자갈길을 탄탄대로로 만들어 왔듯

앞으로도 변함없이

무(無)에서 유(有)를 창조하는

아름다운 모습을 많이 보여주기를 기원합니다.

그동안 정말 수고 많이 하셨습니다.

서부경남의 맛과 멋

2000년 초 신문사에서 한때 문화면에 맛집과 예술공간, 인물 등을 소개하는 일을 담당했었다. 그러다 보니 거의 매일 진주, 통영, 합천, 의령 등 서부경남 지역을 돌며 독자들에게 새로운 정보를 전달하기 위해 동분서주했다. 그 당시 취재해 썼던 글들을 모았다. 휴가철이나 연휴 때, 여기에 소개된 명소를 찾아 심신을 맑혀 보는 것도 괜찮은 일이라 생각된다. 이 책이 서부경남의 맛과 멋을 이해하는 작은 안내서가 됐으면 한다.

■■■ 집현면 만수토종닭

산사(山寺)의 고즈넉한 분위기와 함께 할 수 있는 별미여행을 떠나보자. 손님으로 시끌벅적한 대형 음식점은 아니라 하더라도 음식 맛이 입소문으로 알려져 꽤나 유명해진 토종닭 전문요리집이 있다. 진주시 집현면 정평리 응석사 못 미쳐 있는 '만수토종닭'이 그곳이다. 지척에 집현산이 우뚝 솟아 있고 그 산자락에 천년고찰 응석사가 포근히 안겨 있는데, 절집의 아늑한 멋스러움을 체감하며 집현산 산행을 즐겨도 좋은 곳이다.

만수토종닭에서는 많을 때는 500마리의 닭을 사육하기도 했다는데, 지금은 200마리쯤 키우고 있다. 손님이 찾아오면 언제든 토종닭의 참맛을 만끽할 수 있도록 하고 있는 것이다. 집현산에서 흘러내리는 물과 맑은 공기, 천연사료로 닭을 키워내는 것은 만수토종닭만이 가질 수 있는 장점. 특히나 이곳에는 무지개샘이 있는데, 지역민들의 발길이 사시사철 끊이지 않을 정도로 물맛이 좋기로 이름나 있는 곳이기도 하다.

집현산 응석사의 고즈넉한 분위기가 일품인 이즈음. 만수토종닭에 들러 토종닭 백숙과 닭찜을 먹으며 허해진 몸을 보강해 보자. 많은 돈 들이지 않고도 실속을 챙길 수 있을 것이다.

토종닭 음식 가운데 하나인 백숙은 토종닭과 궁합이 잘 맞는 한약재와 인삼 대추 등을 넣어 요리한 보양식품으로 음식 맛이 깔끔하다. 가족단위(어른 4인 기준)로 간다면 토종닭찜과 백숙 한 마리를 시켜

고기는 먼저 먹고 나중에 찹쌀죽을 먹으면 다양한 맛을 즐길 수 있어 좋다. 닭을 먹기 좋은 크기로 토막을 낸 후, 큼직하게 썬 감자와 땅콩 녹두 양파 등을 넣고 양념한 토종닭찜은 담백하고 얼큰한 맛을 자랑한다. 금방 잡아 요리한 것이라 육질이 쫄깃쫄깃한데 고기는 씹을수록 고소한 맛이 더 난다.

만수토종닭은 주인아주머니의 10여 년 노하우를 바탕으로 맛에 대한 고객만족도를 최우선으로 생각하는 음식점이다. 손님들이 김치맛에 감탄하면, 주인은 김치 두어 포기 정도는 싸서 보낼 정도로 마음씀씀이가 아름답고 여유롭다.

진주시 초장동에서 합천 방면 국도를 따라 15분쯤 가면 응석사로 들어가는 표지판이 나오는데, 이곳 삼거리에서 4㎞쯤 가면 만수토종닭에 도착할 수 있다. 자칫 응석사로 들어가는 길을 지나치기 쉬운데, 집현면파출소를 지나서는 차를 천천히 몰며 표지판을 잘 살펴야 한다.

음식점 앞에는 집현산에서 흘러내린 물이 모여 있는 정평저수지가 있는데, 그 풍광도 일품이다. 따뜻한 햇볕이 드는 날이라면 야외 테이블에서 고기맛을 즐겨도 괜찮을 듯하다. 여름내 단골손님으로 문전성시를 이루던 곳. 오늘도 별미를 즐기려는 이들이 꾸준히 찾아들고 있다.

만수토종닭에서는 백숙과 찜 외에도 오골계도리탕(3만원) 오골계백숙(3만원) 옻닭(3만5,000원) 등도 맛볼 수 있다. 시간에 쫓기지 않고 음식맛을 즐기려면 예약을 하는 것이 좋을 듯하다.

경남 진주시 집현면 정평리 717-1(☎ 055-746-9605)

■■■ 통영 통새미한정식

"통새미한정식을 먹어본 통영사람들은 외지에 나가 살더라도 옛 맛을 잊지 못해 음식을 맛보러 다시 찾아오곤 합니다. 옛 집을 떠나 살면 고향을 그리워하듯이 예전에 맛본 음식 맛을 잊지 못하는 것 또한 인지상정인 것 같습니다. 저도 통새미한정식당에서 몇 번 음식을 먹어 봤지만 우선 편안한 가운데 어머니의 손맛이 배어 있는 듯한 음식들을 다양하게 즐길 수 있어 좋습니다. 통영지역에서는 통새미한정식당의 명성이 이미 널리 알려져 있을 정도입니다." 음식점을 안내해준 통영지역 한 시민의 말이다.

경남 통영시 동호동 형제오토바이 뒷골목에 위치한 통새미한정식당(대표 설옥수)은 음식점 이름부터 특색이 있어 좋다. 바로 앞쪽에는 통영항을 끼고 있는 남망산공원이 위치하고 있어 운치를 더해준다. 남망산공원 산정에 올라 통영시내를 조망하는 멋도 일품이려니와 지척에 자리한 통새미한정식당에 들러 음식을 맛보는 것도 통영을 방문해 빼놓을 수 없는 즐길 거리다.

인정 있어 보이는 주인아주머니의 화사한 웃음도 보기 좋으려니와 아주머니의 손맛은 이미 정평이 나 있을 만큼 누구나 인정해준다. 통영을 떠나 외지에서 생활하는 사람들도 아주머니의 손맛을 못 잊어 지금까지 찾고 있을 정도.

단골손님들은 40대 후반이 대부분이다. 가끔은 서구식 요리와 인스턴트 음식 맛에 길들여진 젊은이들도 전통음식을 맛보러 이곳을 찾아 온다고 한다. 그 옛날 시골에서 어머니가 철 따라 조물조물 무쳐주시던 나물 종류와 통영 앞바다에서 건져낸 해산물과 어류로 반찬을 차려 손님들을 반긴다. 보통 선뵈는 반찬은 20여 가지. 손님들의 선택과 취향에 따라 회와 찜이 추가된다. 보통 1인분이 6,000원인데, 추가되는 음식에 따라 가격이 조금은 늘어난다. 늘어나는 가격만큼 음식 맛을 다양하게 즐길 수 있어 후회는 결코 없을 듯하다.

통영 산(産) 국파래 무침, 봄나물 달래냉이 무침, 우렁쉥이 홍합 젓갈, 톳나물 무침, 물메기찜, 아구수육, 감성돔구이, 생선회, 생선찌개 등 맛깔스러운 음식들이 한상 가득 손님들의 입맛을 돋워준다.

상 가운데는 생선찌개와 물메기찜이 놓인다. 통새미한정식당에서 마음 편히 맛볼 수 있는 별미들이다. 매콤·시원·담백한 맛이 공기밥 한 그릇을 더 비울 정도로 매력 있다. 통영 8경 구경과 더불어 통새미한정식을 맛본다면 잊지 못할 추억거리가 될 것은 분명하다.

경남 통영시 동호동(☎ 055-645-4025)

■■■ 산청군 수월황토방

경남 산청군의 산청읍과 신안·신등면 경계를 이루는 둔철산(屯鐵山·811.7m)은 고향 뒷산 같은 분위기를 자아내는 산이다. 산행 시간이 그렇게 많이 걸리지 않는 데다 마을들이 훤히 내려다보이면서도 때로는 발이 빠지는 낙엽길이 이어져 문득 고향의 뒷산을 생각나게 한다. 이 산자락 들머리에 자연 속 휴식공간인 수월황토방이 자리하고 있다.

산청군 신안면 수월황토방(대표 강정자)은 어머니 손맛이 느껴지는 한정식을 즐기며 생의 활기를 불어넣을 수 있는 마음 편한 곳이다. 주인 강씨가 본격적으로 황토방을 열고 손님들을 받은 지 올해로 4년째. 하지만 황토방과의 인연은 훨씬 이전으로 거슬러 올라간다. 15년 전 수월마을에 농가주택 한 채를 구입해 두었는데, 몸이 좋지 않아 황토방으로 꾸며 지내게 되었다. 가끔씩 오가는 지인(知人)들이 황토방에서 숙식한 후에는 아픈 몸이 좋아졌다며 다시 찾아들었다고 한다. 황토와 향토음식의 위력을 실감한 것이었다.

강씨는 직접 지은 농산물로 음식을 차려낸다. 황토방에서 선보이는 음식으로 많은 돈을 벌 생각은 없다. 다만 이곳을 찾는 사람들에게 맛깔스러운 반찬으로 밥 한 끼 대접한다는 생각뿐. 가족 밥상을 차린다는 마음으로 음식을 준비하고 있다.

창원 마산 부산 서울 등지에서 단체로 찾아오는 손님들이 많다. 대부분 오래 드나든 손님들이라 서두르는 기색이 없다. 느긋하게 앉아서 밥이 나오는 걸 기다리고 있다. 개방돼 있는 작은 주방에서 군침 도는 냄새들이 풍긴다.

철 따라 피는 꽃이 다르듯 밥상 위에 올라오는 반찬도 철마다 달라진다. 요즘은 당연하다는 듯 냉이가 올라온다. 철 따라 바뀌는 나물들을 계절 감각에 맞춰 조물조물 무친다. 먹다보면 평범함 속에 담긴 소중함을 느끼게 된다. 겨울초, 취나물, 고사리, 깻잎, 콩나물 등 산나물과 야채가 반찬의 주류를 이룬다. 밥상 위에 고기는 올라오지 않는다. 상차림은 산나물과 야채 종류로만 구성되어 있다. 일견 어디서나 흔히 먹을 수 있는 밥 같은 자연스러움이 감도는 건 그런 이유 때문이다.

맛있는 음식을 만드는 데는 솜씨도 중요하지만 언제나 바지런한 정성이 빠져서는 안 된다. 미역국은 사천 서포에서 직접 구입한 자연산 생굴만을 사용해 끓인다. 미역국을 먹으면 싱싱한 바다 내음과 함께 담백한 맛을 느낄 수 있다. 상 한가운데에는 된장찌개가 놓인다. 부담 없이 먹을 수 있는 수더분한 찌개다. 구수한 된장찌개 뚝배기가 밥상의 중심을 오롯하게 잡아준다. 된장은 우리나라 사람들이 가장 편하게 먹는 음식이라 무척 신경을 쓴다고 한다. 편한 맛을 만들어낸다는 건 참 힘든 일이다.

이번 주말엔 산청군 신안면으로 떠나보자. 둔철산 능선을 타며 봄이 오는 소리를 들어보고, 산행 후에는 수월황토방에서 정성스레 차려낸 한정식을 맛보며 활력을 불어넣어 보자. 한결 가벼워진 자신을 발견할 수 있을 것이다.

경남 산청군 신안면 안봉리 수월마을(☎ 055-973-1711)

■■■ 의령군 다오리가든

우리는 식사를 하기 위해 장소를 정할 때 대개 세 가지 정도를 고려하게 된다. 맛과 분위기, 그리고 가격이다. 이 세 가지를 모두 충족시켜 주는 곳이 있다. 아늑한 시골언덕에 자리 잡아 멋진 풍경을 연출하고 있는 곳, '다오리가든'이 그곳이다.

'다오리가든'은 경남 의령군 칠곡면 산북리 마을 뒤쪽 언덕에 자리 잡고 있다. 그래서 분위기도 좋다. 수채화 같은 시골풍경, 답답한 도시를 벗어 나온 사람들에겐 아늑함을 준다. 가든 입구에 들어서면 왼쪽편에 주인이 생활하는 초가집이 있고 맞은편에 기와지붕에 흙과 나무로 지은 집이 있는데 '다오리가든'이다. 앞마당에는 잔디밭과 함께 야외 휴식공간이 마련되어 있다. 넉넉한 시골풍경을 음미하면서 커피를 한잔 마시면 한결 분위기가 고조된다.

황토방으로 된 가든 안은 단체손님을 위한 대연회장과 연인이나 가족을 위한 공간으로 나누어져 있는데 매화실, 난실, 국화실, 대나무실 등으로 이름이 붙여져 있다. 안으로 들어가면 어머니가 계시는 옛 시골집 같은 기분이 난다. 천장에는 청솔가지와 약쑥, 대나무, 숯 등이 꽂혀 있어 분위기를 한결 아늑하고 향기롭게 해준다.

'다오리가든'에서 가장 자신 있게 내놓는 메뉴는 '대나무 돌솥밥'. 어머니의 사랑이 담긴 시골밥상이다. 돌솥에 쌀과 잡곡을 넣어 앉힌 가운데 원통으로 자른 대나무를 넣어 지은 돌솥밥이다. 가격은 7,000원.

그리고 반찬이 15가지 이상 나온다. 이 반찬은 계절마다 바뀌는 게 특징이다. 요즘 찬 가운데 가장 먹음직스러운 것이 무청 우거지찌개와 된장국, 그리고 동치미다.

돌솥밥 한 숟가락에 시골된장을 곁들인 우거지찌개를 입에 넣으면 어릴 적 옛 시골의 향수에 젖어들게 된다. 그리하여 어머니의 사랑이 담긴 듯한 옛 고향의 추억과 정겨움이 묻어나면서 배를 따뜻하게 채워준다. 동치미 맛도 잊을 수 없다. 어린 시절 할머니께서 손주 녀석 잘 먹고 튼튼하게 자라달라고 주문을 외며 차가운 장독대 뚜껑을 열어 떠 주시던 그 맛이다.

'다오리가든'에서 내놓는 음식 맛의 비결은 모두 직접 가꾸고 재배한 무공해 재료에서 나온다 해도 과언이 아니다. 음식을 조리할 때 천연 조미료만으로 맛을 낸다. 더욱 정겨운 것은 주인인 장희경씨의 다정다감한 친절이다. 장씨는 의령문학회 회원으로 활동하면서 틈틈이 시골의 정겨움을 노래하는 시를 쓰고 있다. 시를 쓰는 그런 마음으로 손님을 맞이한다. 그래서 정성과 사랑이 가득 담겨 있고 맛과 함께 분위기가 잘 어우러져 즐거운 하루를 연출해 준다.

즐겨 찾는 손님들은 가격이 저렴하고 어린 시절 어머니가 해주던 음식 맛을 느낄 수 있고, 옛 고향에 온 것처럼 편안하고 정겹다는 말을 빼놓지 않는다. '다오리가든'에서 인기를 끄는 또 다른 음식은 한방삼계탕(7,000원)과 청둥오리 한방백숙(2만5,000원), 토종닭한방백숙(2만원), 유황산오리양념구이(3만원)다.

경남 의령군 칠곡면 산북리 866(☎ 055-573-7525)

■■■ 사봉면 한림정숯불가든

가족과 나들이 삼아 떠나 자연의 아름다움을 감상하고 더불어 그 곳의 별미를 맛볼 수 있다면 큰 행운이다. 음식 맛은 주변환경의 영향을 많이 받는다고 했던가. 경치 좋은 곳에서 맛보는 음식은 절경이 주는 운치와 어우러져 그 맛이 배가될 것은 분명하다.

경남 진주시 사봉면 무촌리 도로변에 위치한 한림정숯불가든(사장 조또제)은 주변 명소를 오가며 들러보면 좋은 음식점이다. 이미 오리·돼지고기 요리는 소문으로 꽤 알려져 인근지역에서 찾는 이들이 많다. 지난해 지인(知人)을 통해 이 집의 음식 맛이 좋다는 이야기를 들은지라 꼭 한번 찾으리라 다짐한 것이 여러 번이었다.

한림정숯불가든 인근에는 적석산과 양촌온천단지, 그리고 경남산림환경연구원이 있어 가족과 함께 나들이하기에도 좋다. 적석산 산행 후 양촌온천단지에서 땀 씻으며 피로를 풀고 한림정숯불가든에서 맛깔스러운 요리로 영양을 보충한다면 하루가 즐거워질 것이다.

한림정숯불가든에서 자신 있게 권하는 음식은 오리불고기. 양념을 해 재운 고기에다 버섯과 인삼, 야채 등속을 넣었는데, 입안에 번져나는 담백한 맛이 일품이다. 고기를 먹은 후에는 바로 밥을 볶아주는데 오리기름과 야채가 조화를 이룬 고소한 밥맛을 즐길 수 있다.

예부터 오리는 한의학과 민간요법으로 중풍·고혈압·심장병 등의 예방과 치료에 폭넓게 사용되었다. 오리가 독약을 먹어도 죽지 않는 이유는 오리의 뇌수 속에 있는 강한 해독작용을 하는 물질 때문. 오리는 해독력과 보양력으로 현대인에게 잘 맞는 육류라 할 수 있다. 오리불고기 요리를 할 때 나오는 불포화지방산은 몸의 성장과 건강유지, 그리고 생리적인 정상기능을 유지하기 위해 필요하며 반드시 음식물로써 섭취해야 하는 영양소다. 오리고기 100g을 먹었을 때 섭취되는 단백질은 쌀밥의 6배에 달하고, 비타민은 닭고기의 3배 이상 된다고 알려져 있을 만큼 영양도 풍부하다.

한림정숯불가든은 사봉삼거리에서 마산 방면으로 가다보면 만날 수 있다. 반성읍에 다다르기 전, 반성중학교 못 미쳐 도로 왼쪽 편에 자리하고 있다. 겉보기에도 건물이 깔끔해 눈길을 끄는데, 음식점 앞으로는 하천물이 유유히 흘러 운치를 더하고 있다.

음식점 내부에는 대형 연회석이 마련돼 있어 30~40명이 한꺼번에 식사를 할 수 있고, 널찍한 주차장도 갖춰져 있어 시간을 갖고 음식을 즐길 수 있다. 또한 음식점엔 승합차가 항상 대기하고 있어 연락만 하면 어디에서든 쉬 오갈 수 있다. 한림정숯불가든에서는 오리불고기 외에도 돼지갈비의 진미를 맛볼 수도 있다.

경남 진주시 사봉면 무촌리 165(☎ 055-761-7752)

■■■ 산청 청곡갤러리

팍팍한 도심지 갤러리보다 자연과 어우러진 전시공간에서 위안 받을 때가 많다. 인위적인 꾸밈보다는 자연스러운 아름다움에서 받는 감동 때문인지도 모른다.

경남 산청군 삼장면에 자리하고 있는 청곡갤러리는 마음을 쉬 풀어놓을 수 있는 곳이다. 꼭이 전시장으로 이름 붙여진 공간이 따로 마련돼 있는 것은 아닌데, 농원 전체가 하나의 예술 공간이라 생각하면 된다. 남의 눈 의식하지 않고 자연스레 걸어놓은 서각작품, 그리고 정원 가득 채우고 있는 민예품과 장승들. 생활과 예술이 하나 된 경지를 이곳에서 만나볼 수 있다.

농원 주인 청곡(靑谷) 김문금씨가 마련한 청곡갤러리는 자연스러운 운치가 한껏 묻어나는 곳이다. 아내와 배낭 하나만 매고 첩첩산중 지리산에 들어와 비닐하우스 하나 지어 놓고 그냥 여기서 살아야 된다고 했다는 김씨. 수많은 시련과 좌절 속에서도 행복해질 수 있었던 것은 그에게 잠재해 있던 광기어린 예술감각 때문이었다.

보이는 건 산이요, 들리는 건 계곡 물소리뿐인 지리산에서 자연만 바라보며 살기엔 너무나 지겨운 시간들이었다. 그에겐 선천적으로 물려받은 예술감각이 있었기에 정신없이 깎고 다듬으며 세월을 알차게 조각할 수 있었다. 며칠 자고 나면 새로운 작품이 그를 반기고, 그 작품에 빠져들면 몇 시간이고 앉아 무언의 대화를 주고받는다. 무아지경에 빠져드는 시간, 시간들. 그의 아내 눈에 가끔은 정신 나간 사람으로 비친 것도 무리가 아니다.

청곡갤러리엔 장승들이 많다. 민족혼에 대한 김씨의 애정 때문이다. 장승을 깎을 때는 머언 먼 조상들과 대화를 나눈다. 알아주는 이 없을지라도 그는 절규에 찬 민족혼의 소리를 여러 가지 방법으로 들어보려 한다. 지금도 재래시장의 대장간을 찾고, 무당들을 만나고, 야바위꾼도 구경한다는 김씨. 오늘도 그는 집안 일을 돌보고 나면 작업실로 향한다.

정신 집중, 칼을 들어 나무를 다듬는다. 이번엔 커다란 소나무 둥치다. 가히 100년 이상은 된 것 같다. 오랜 세월 풍화를 겪어 그대로의 모습이 장승이 될 듯도 하다. 갈라진 껍질 사이로 지난 세월 얘기들이 들려온다. 칼을 넣어 그 세월의 주인공들을 끄집어낸다. 확 풍겨오는 송진 냄새, 그 순간 소나무는 없어지고 하얀 속곳만 걸친 어여쁜 조선 여인이 나타난다.

여인을 더듬는다. 떨리는 손으로 여인의 속곳을 벗겨낸다. 벗겨도 벗겨도 지겹지 않다. 어느새 여인은 백옥 같은 나신(裸身)을 드러낸다. 잠시 하늘을 본다. 여인의 얼굴은 사라지고 나타나는 지하여장군(地下女將軍). 또 하나의 작품이 탄생한 것이다.

경남 산청군 삼장면 석남리 295(☎ 055-972-6901)

■■■ 하동 나무달마살래

경남 하동군 청암면 묵계리에서 보낸 1박2일은 매우 인상 깊었다. 그 가운데서도 황토로 지은 오두막집 전시관 '나무달마살래'에서 있었던 집주인과의 조우(遭遇), 그리고 다양한 나무조각품과의 만남은 신선한 감동으로 남아 있다.

청학동이 있는 곳으로 유명한 곳, 그 깊은 계곡을 따라 한참 오르고 또 올라 이르는 전나무마을. 청학동 4㎞ 못 미쳐 묵계초등학교를 지나자마자 삼거리가 나오는데, 이곳서 청학동으로 가지 말고 오른쪽 고운동 오름길로 접어들어 1㎞쯤 오르면 도로 오른쪽에 전시관이 자리하고 있다. 이 집 주인은 산악인으로 널리 알려진 성락건씨. 진주서 이곳으로 이주해 집짓기를 시작, 지리산 넓은 품에 살포시 안긴 자연 속 전시관을 마련했다.

'청학동 비껴 고운동 오름길에 / 진흙 오두막을 바람하고 지었네요 / 안이 궁금한지 산새도 뻐꾹 뻐꾹 갸웃하고 / 소쩍 소쩍 훔쳐보는 전시공간을 두었네요 / 나무 다듬고 천 물들이고 종이에 먹칠하고 글 흘려 쓰고 / 그릇 손으로 빚고 풀꽃 옮겨 담고 조선종이 찢어 붙이고 / 뒹굴던 몽돌 주워 보듬고 사는 멋진 고집쟁이가 수두룩이네요 / 그들을 지리산 속 여기 오두막으로 불러 / 꾸밈없는 작품을 달마다 바꾸어 가며 선보이려 하네요 / 지나치는 길이라면 그대도 안을 빼꼼이 엿보고 가세요.' 전시관 나무달마살래의 성격과 분위기를 잘 표현한 성락건씨의 글이다.

전시관 이름은 '나무 닮아 살래'를 소리 나는 대로 적은 것으로, 나무는 바로 자연을 말하는 것이리라. 겉으로 봐 여느 가정집과 다름없겠지 생각한다면 잘못이다. 문을 열고 안으로 들어가면 오리, 탈, 지팡이, 표주박 등 다양한 형태의 나무 조각들이 손님을 반긴다. 아늑하고 깔끔한 분위기와 더불어 산과 더불어 살아온 성씨의 정성이 곳곳에서 묻어나고 있다.

"나무달마살래는 지리산 속에 황토로 지은 오두막집입니다. 15평은 그대의 전시실로 비워두고 있습니다. 대여료는 물론 없습니다. 언제든지 작품을 전시할 수 있는데, 전시할 동안 그대는 우리 집 손님이자 주인이 됩니다. 전시하고 픈 사람은 누구든 작품을 선보일 수 있는데, 아마추어로 창작의 재미에 빠진 사람이라면 더 좋겠습니다."

성씨는 청학동 유물전시관에 전시할 나무탈 300여 개를 주문받아 제작하느라 여념이 없다. 소나무 옹이를 깎고 다듬어 하나의 작품으로 탄생시키기 위해 하루의 대부분을 여기에 쏟아붓고 있는 것이다.

"나무 조각은 제가 산을 타기 시작할 때부터 했습니다. 산이 좋아 산에 살며 산의 넉넉한 마음을 배울 수 있어 좋습니다. 제 작품들은 자연을 닮은 또 다른 저의 얼굴에 다름 아닙니다."

그동안 성씨가 지인들에게 작품을 하나 둘 선물한 것이 수백 개일 정도. 성씨는 때가 되면 '청학동 탈놀이'를 만들 계획도 갖고 있다. 그 옛날 선조들이 이상향을 찾아 청학동으로 찾아들었듯이 탈놀이를 통한 신명나는 삶 과 세상, 이는 성씨가 꿈꾸는 마음의 이상향인지도 모른다.

경남 하동군 청암면 묵계리 전나무동(☎ 055-883-8618)

바람흔적미술관

'전시장 안에 들어서면 은은한 바람흔적의 차와 진한 커피향 내음이 물씬 풍겨져 나오는데…. 그 차의 이름은 미친차? 아름다울 미(美)와 친할 친(親)의 미친차. 이러한 독특한 차는 이곳 주인인 털보 아저씨가 정성스럽게 직접 끓여서 주는데 값은 Self. 즉, 잘 마셨다고 인사만 하고 그냥 나와도 되고 분위기에 도취되어 100만원을 내어도 상관없음. 미술관 주위로 잔디밭이 넓게 조성되어 있어 가족야유회 장소로도 좋은 곳이다.'

합천군 가회면 한밭새터 바람흔적미술관을 어떤 이가 소개한 글로, 미술관 분위기와 주인의 성품을 짐작할 수 있게 해주는 내용을 담고 있다.

바람흔적미술관은 행위예술가 최영호씨가 직접 지어 마련한 곳인데, 1996년부터 시작한 설치작업 마당이 조성되고 있다. 설치작업 테마는 모두 바람으로, 눈길을 끄는 것은 스물두개의 바람개비들. 바람개비를 이용해 스쳐가는 바람의 흔적을 찾는 '바람흔적마당'이 첫째마당이다. 바람 좋은 날, 미술관이 보이는 고갯마루에 서면 그 바람에 따라 일제히 돌아가는 모양이 그야말로 장관을 이룬다. 바람개비가 22개인 이유는 지구 대기를 차지하는 산소의 양이 22%이기 때문이라는 설명.

두번째 마당은 바람과 목탁·범종·운판·목어의 소리를 조화시키는 '바람소리마당'이다. 작은 범종은 이미 완성돼 바람개비가 돌 때면 맑고 청아한 소리를 내고 있다. 법고 대신 매달린 목탁도 범종 소리와 맞춰 사람들의 마음속에 바람을 불어넣는다. 불교의 대표적인 4가지 악기와 바람을 이용해 무심결에 흘리게 되는 바람의 소리를 담아내고자 한 작품이다.

바람소리 다음으로 계획 중인 세번째 마당은 '바람몰이마당'으로 좁은 통로를 이용해 들어오는 바람을 조절하고 그 바람으로 소리를 낼 관악기를 만들어내는 작업이다. 이 때문에 최씨는 색소폰을 열심히 배우고 있다.

설치에 가까운 조형작품들이 마당 여기저기에 있을 뿐만 아니라, 실내전시실도 잘 갖춰져 있다. 누구나 와서 그림을 전시할 수도 있고, 작품활동도 할 수 있다. 마음 편한 곳이고 잠시 작가가 될 수 있는 곳이기도 하다.

이 미술관에서 산으로 조금 오르면 황매산 군립공원이 드러나고, 황매산 남쪽 기슭에 자리한 통일신라시대의 절터인 영암사지를 찾을 수도 있다.

경남 합천군 가회면 중촌리 216-3(☎ 055-933-4476)

■■■ 합천 산정갤러리

"가야산이 좋아 그 밑에 와 살고 있습니다. 자연과 더불어, 자연의 한 부분으로 살아가는 데 무한한 행복을 느낍니다. 자연 속에 살아 숨쉬는 미의 실체를 화폭에 오롯이 담아 모든 분들에게 보여드리고 싶습니다."

경남 합천군 가야면에 자연과 어우러진 또 하나의 전시공간이 탄생했다. 한국화가 장윤진씨와 서양화가 정선희씨 부부가 국립공원 가야산 해인사 들머리 외딴 곳에 아담한 미술관을 지은 것이다.

산정갤러리의 관장이자 서울 출신 동양화가 장윤진씨가 이곳 가야산 자락에 터를 내고 정착한 것은 마산에서 태어나 통영과 진해 등지에서 교편을 잡았던 아내 정선희씨의 영향이 컸다. 서양화가이기도 한 정씨는 그간 가야산을 오르내리며 언젠가는 이곳서 작업 활동에만 몰두하리라 결심해 왔고, 결국 2년 전 합천 가야면 구원리에 남편과 함께 자리를 잡았다.

이들 부부는 늦깎이 결혼을 했으며, 특히 부인 정씨는 결혼과 함께 22년간 몸담았던 창원 명서중학교 교감직을 떠나 이곳으로 왔다. 가야산 외진 곳에 보금자리를 마련해 놓고 보니, 그간 소장했던 많은 작품을 마땅히 놔둘 곳이 없었다. 그래서 생각한 것이 조그마한 전시공간. 장윤진씨의 동양화와 정선희씨의 서양화 작품만 내걸어도 몇 년 간 전시관 비워둘 일은 없다고 판단한 부부는 산정갤러리라는 이름을 짓고 전시관 문을 열었다.

개관기념 전시회가 오픈되던 날, 인간문화재 이생강 선생의 제자 전기도씨의 대금산조, 무용가 최북순씨의 살풀이, 표동찬씨의 판소리 공연도 펼쳐져 가야산 자락을 멋스럽게 채색하기도 했다. 가야산 절경 속에 자리 잡은 갤러리 소식이 입소문을 타고 퍼져 많은 이들이 이곳을 찾고 있다. 해인사와 홍류동 계곡을 관람하고 난 뒤 허전함이 남는다면 산정갤러리로 가보라. 예술의 향취가 살아 숨쉬는 공간에서 또 다른 삶의 여유를 찾을 수 있을 것이다.

'산은 아름답다. 특히 가야산은 내 가슴을 설레게 한다. 가을 햇살이 가야산에 부서져 내릴 때 단풍잎은 화려하게 불이 붙어 온 산을 물들인다. 풋풋한 산행(山行)을 휘젓고 가야산을 오르면 먼빛으로 뵈는 덕유산, 지리산, 수도산, 매화산이 더불어 꽃잎이 되고 가야산은 다시 한 번 한 송이 연꽃으로 피어난다.'(정선희씨의 작품 '가을햇살' 후기)

팍팍한 도시생활을 접고 가야산 아래 정착해 생활하면서 느끼는 서정을 화폭에 담아 선보여 오고 있는 장윤진·정선희씨 부부, 그리고 산정갤러리. 자연과 인간을 모티브로 한 장윤진씨의 그림에서 사람은 늘 자연의 일부일 뿐이고, 사람의 갈구와 그리움, 그리고 방황이 가슴 뭉클 표출되고 있음을 볼 수 있다.

"누구든 작품을 전시할 수 있도록 이곳 문은 항상 열려 있습니다. 어디까지나 저희 부부가 좋아서 한 일이기에 대관료는 물론 받지 않을 작정입니다. 신인작가들의 꿈이 활짝 피어날 수 있는 전시의 장으로 활용됐으면 하는 바람이 큽니다."

경남 합천군 구원리 1구 65(☎ 055-932-1938)

■■■ 의령예술촌

지난 1999년 문을 연 이래 지금까지 전국 각지에서 수만 명의 관람객이 찾고 있다는 의령예술촌. 경남 의령읍에서 동북으로 24㎞ 지점에 자리하고 있는 이곳은 찰비계곡, 한우산에서 흘러내리는 물과 벽계관광지 초입의 기암괴석 봉황대가 어우러져 일대장관을 연출하고 있다. 우선 폐교된 초등학교를 활용했다는 점에서 친근감을 준다. 장독대와 넝쿨로 감싸진 싸리문, 장식용 호박울이 휘감고 있는 통나무기둥이 아늑하고 다정한 분위기를 자아낸다.

나무공예 전시관인 '나무와 삶'을 비롯해 문학전시관 '시가 있는 풍경', 한국화와 짚·풀공예 전시관 '북향', 미술전시관 '그림사랑', 사진전시관 '추억사진', 그리고 민속품전시관인 '사랑방' 등 6개의 전시관엔 풍성한 볼거리가 마련돼 있다. 차를 마시면서 아름다운 추억을 만들 수 있는 쉼터 '구름나그네'도 빼놓을 수 없는 공간이다.

조갑식 촌장(나무공예가)과 예술촌 운영의 핵심 역할을 하고 있는 윤재환씨 등 젊은이들이 지역민 문화향유 제고와 활성화의 산실로 가꿔가기에 여념이 없다. 예술촌 운영을 본 궤도에 올려놓기까지 그들이 쏟았을 땀과 눈물은 그들의 일과 노력에서 확인할 수 있다.

궂은일을 마다하지 않는다. 누가 시켜서, 혹은 돈벌이가 되기 때문에 하는 것은 아니다. 그저 일 자체를 좋아하기 때문에 하는 것뿐. 촌장은 '자신이 하기 싫은 일은 남도 하기 싫어한다'는 생각으로 하루라도 손을 놓지 않는다. 예술촌 운영의 철칙이 항상 낮은 자세로 모든 일에 임한다는 것에서도 예술촌 활성화의 비결을 엿볼 수 있다.

의령예술촌 개촌 전후에 크고 작은 난관이 있었다. 보이지 않는 시기 질투도 많았다. 심지어 '미친놈들'이라는 말까지 공공연하게 들렸을 정도. 하지만, 굳은 의지와 실천력이 있었기에 그것들은 오히려 더 높은 곳을 향한 채찍질이 돼 주었다. 일상생활과 어우러지는 문화활동과 자생력 있는 예술촌 건설. 그들이 지향하는 내용들이다.

문화예술의 새로운 둥지로 자리 잡은 의령예술촌은 상설 및 기획 전시, 기념품 및 예술작품 판매, 그리고 전통혼례식장, 풍물놀이 공연장, 문화예술강좌, 문학예술세미나, 향토예술인 만남의 장 등으로 활용되고 있다.

경남 의령군 궁류면 평촌리(☎ 055-572-0104)

석천 도예원

"전원적인 분위기가 물씬 풍기는 이곳 도예원에서 선생님의 지도를 받아 흙 작업을 해보니 정말 좋습니다. 마음먹은 대로 형태가 잡히지 않아 힘들 때도 있지만, 제가 만진 흙이 도자기가 돼 나올 땐 마치 도예작가가 다 된 기분입니다."

진주 정촌초등학교 4, 6학년 학생 200여 명이 흙으로 뭔가를 열심히 빚고 있다. 시간이 흐르면서 흙의 형태가 뚜렷해지고 학생들의 얼굴엔 살포시 웃음꽃이 피어난다. 진주시 지수면 승내리에 자리한 석천 도예원의 도자교실 풍경이다.

석천 도예원에는 도자예술의 발전과 저변확대를 위해 현장실습을 겸한 도자교실이 마련되고 있다. 일선 학교의 가방 없는 날과 연계해 서부경남 초·중·고 학생들에게 도자예술의 묘미를 전하고 있는 것. 학생들은 모처럼만에 맞은 야외나들이의 즐거움과 함께 작품을 완성했다는 성취감으로 즐거운 표정들이었다.

'파내고 골라내고 주무르고 / 빚고 빚어 / 내 마음 네 마음 우리 바램 / 흙 내음 나무 내음 하늘빛까지 / 1,500도 뜨거움으로 녹아 / 곱게 맑게 깨끗하게 / 보석처럼 보물처럼 / 추억과 삶과 소망을 품고 / 순백의 백자로 / 다시 태어나는 그 흙'

(석천의 아내 장수영 詩 '열토성보(熱土成寶)'에서)

도예가 석천(石泉) 허필호씨의 작업장인 석천 도예원을 찾아 도자교실을 보면서 열세 번째 개인전을 통해 쌓아올린 그 동안의 결실이 자라나는 후배들에게 고스란히 전해지고 있음을 확인할 수 있었다.

“도자기는 하나의 단독 예술이 아닌 도(陶)·서화각(書畵刻)의 종합예술이며 모든 분야의 공부를 하지 않고는 좋은 작품을 할 수 없다”는 그는 자신이 할 수 있는 만큼의 앎을 후배와 학생들에게 전하고 싶다고 밝힌다. 그가 도자기 부적작업을 위해 준비한 자료와 재료, 실패한 기물들의 흔적을 보면서 마치 광기어린 부적작가 같다는 생각을 해본다.

전통백자 위에 부적(符籍)을 접목시킨 도부작(도자기 부적 작품)을 10여 년 동안 연구하며 작품으로 꾸준히 선보여 오고 있는 허필호씨. 지금까지 열세 번째 개인전을 열었지만, 아직도 가슴 한 쪽엔 뭔가 채워지지 않는 공허함이 자리하고 있다. 자라나는 학생들에게 정말 살아 있는 도자기 교육을 해보고 싶다는 굳은 의지 때문이다.

허필호씨는 부적 작업을 통해 전통도자의 새로운 가능성을 꾸준히 선보여 오고 있는데, 도자기가 가질 수 있는 미적 지평을 무한히 확대했다는 평가를 받고 있다.

경남 진주시 지수면 승산리 85-7(☎ 055-758-9451)

삼진미술관

"삼진미술관은 저 개인의 것이 아니고, 우리 모두의 공간입니다. 누구든지 이곳에서 작품을 전시하고 공연을 할 수 있는데, 한 마디로 자유롭게 창작활동을 할 수 있는 열린 공간이라고 보시면 됩니다." 마산시 진북면 삼진미술관 성임대 관장의 말이다.

성 관장은 그 자신 예술가는 아니라고 밝힌다. 그저 예술인을 좋아하고, 예술이 없으면 안 되는 사람이다. 젊은 날 읽었던 한 권의 책, 한 줄의 글이 지금의 그를 만들었다고 생각하면 된다. 문화예술의 힘과 중요성을 일찌감치 자각한 그였기에 예술인들에 대한 지독한 사랑과 애정은 그 누구도 막을 수 없었다. 척박한 문화 환경에서도 붓을 놓지 않은, 붓을 놓고는 살 수 없는 사람들을 찾아내 그들을 도와주는 데서 삶의 기쁨과 의미를 찾았다.

종이가 필요하다면 종이를, 혹여 쌀이 떨어졌다면 쌀을 갖다 주는 것으로 만족해온 세월이 어언 45년. 그동안 얼굴을 익혀 형제의 정을 나눠오고 있는 예술가만 해도 수백 명이다.

삼진미술관은 삼진(진동, 진북, 진전)의 전통문화를 접목한 창작미술품 산실 역할을 하고 있으며, 지역민들 상시 볼거리 제공과 체험교실을 통한 지역 정서함양 이바지, 우수 미술품 유치·전시를 통한 예술품 감상 폭 확대와 산교육의 장으로 활용되고 있다.

창녕이 고향인 성 관장이 서울에서 내려와 폐교를 물색하면서 마음을 굳힌 곳이 바로 진북면 옛 상북초등학교였다. 지나온 삶과 나머지 생을 정리할 곳이 바로 이곳이라고 생각했기 때문이다. 성 관장이 서울서 내려와 혼자 미술관을 다듬고 가꾸기 위해 흘린 땀은 우리네 상상을 초월한다.

교사 2개 동을 마산교육청으로부터 임대받아 개관하게 된 삼진미술관에는 다기능 공연장과 영상시설이 잘 갖춰져 있다. 눈길을 끄는 것은 시청각 교재를 이용한 현장학습. 한국화·수채화 그리는 법, 효율적인 도자기 공예 기법, 현대미술 기법, 한지공예 기법 등을 이곳 미술관에서 배울 수 있다.

미술관 2층에는 성 관장이 모아왔던 조선시대의 편지글·탁본·노예문서뿐만 아니라, 작고 작가나 유명작가의 희귀작품 등이 전시돼 있어 어느 유명 박물관에 와 있는 듯한 분위기를 느끼게 한다.

미술관 운영에 참여하고 있는 운영위원은 진주, 마산, 창원, 통영, 사천 등지의 예술인 30여 명인데, 향토예술 창달로 경남지역 미술문화 발전에 기여하게 된다.

경남 창원시 마산합포구 진북면 추곡리 534(☎ 055-272-0335)

기 념 패

2년여 세월이 하루같이 흘렀습니다.
남을 먼저 생각하는 배려와 일에 대한 열정은
소담스러운 한 송이 꽃으로 피어올랐습니다.
이는 바로 우리 마음속에 자리한 물망초의 얼굴입니다.
몸은 떨어져 있더라도 언제 어디서나 우리를 잊지 마십시오.

유능한 뱃사공은 거친 바다에서 만들어진다고 합니다.
새로운 곳에서 어떤 일을 하더라도
거센 파도를 힘차게 헤쳐 나가는
아름다운 멋진 모습을 많이 보여주기를 기원합니다.

정말 수고 많이 했습니다.

사람과 사람...

탈 제작 혼 심는 「황병권」씨

덩더럭 덩더꿍 더꿍, 덩더럭 덩더꿍 더꿍. 힘차게 내리꽂는 장구 북 장단에 몸 실으면 어느새 비상의 나래 펼친다. 탈 쓰고 놀음판 나서면 온갖 구속과 멍에로부터 훌훌 벗어나 이상향 꿈꾸는 한 마리 새 된다.

험상궂게 생겨먹은 탈을 보노라면 이 세상 온갖 시름은 다 가진 듯 애처롭게 다가온다. 우는 듯, 웃는 듯 흐느적거리며 내닫는 저놈은 영락없는 바로 나의 모습. 얼씨구 어얼씨구. 탈은 분명 또 다른 나의 얼굴이다.

온 밤을 하얗게 지새우며 하나의 탈을 완성하기 위해 전력투구한다는 황병권씨(진주오광대보존회 실무책임자·진주시 봉안동). 보통 탈 만드는 작업은 밤 12시부터 새벽 6시 사이에 이루어진다고 한다. 만물이 잠든 고요한 시간에 홀로 탈과 긴 대화를 나눈다는 황씨는 대학에서 전자계산학을 전공했다. 애초엔 전공을 살려 일반 직장에 취직할까도 생각했다지만 탈과 한 번 맺은 인연은 쉬 끊을 수 없었다고 한다.

"부모님도 그렇고 주위 친척들도 일반 회사에 취직해 돈 많이 벌며 살라고 했습니다. 한때는 저도 남들처럼 평범하게 살아볼까도 했습니다만, 눈을 감으면 어른거리는 탈의 환영(幻影) 때문에 그렇게 하지 못했습니다. 벗어나려고 하면 할수록 더 강하게 끌어들이는 묘한 매력을 탈을 만들면서 느끼곤 합니다. 탈을 만들 때면 마음이 고요해지고 새로운 재미가 새록새록 솟아나는 것을 실감합니다."

황씨는 1997년 가을부터 본격적으로 진주오광대탈을 제작하기 시작했는데, 지금 거의 5년이라는 세월이 흘렀다. 탈 만드는 일에 발을 들여놓은 건 우연한 일이 계기가 되었다고 한다. 1996년 제1회 진주탈춤한마당 잔치 때 '탈을 한 번 만들어 보라'는 선배의 말을 듣고 '조선 천지탈'을 만들게 된 것이 일의 시작이었다고 밝힌다.

황씨는 '경제논리로 따지면 진짜 돈 안 되는 일을 하고 있다'며 씩 웃는다. 하지만 아직까지 생활해나가는 데는 별 어려움을 느끼지 못한다고 한다. 수입이 있는 한도 내에서 절약해 쓰기 때문에 큰 돈 들지 않는다고 한다. '열심히 일하다 보면 돈이 따라오게 돼 있다'는 말을 좋아한다는 그는 현재 진주오광대보존회 실무책임을 맡아보며 경제적인 도움을 어느 정도 받고 있다.

황씨는 어릴 때 화가가 되는 것이 꿈이었다고 한다. 그림 그리는 것을 무작정 좋아했다는 그. 탈 만드는 지금의 일이 못다 이룬 어릴 적 꿈의 연장인지도 모른다.

"사실 저는 초등학교 때부터 정말 그림을 그리고 싶었습니다. 훌륭한 화가의 길을 걷고 싶었습니다. 하지만 부모님의 반대가 워낙 완강해 전문 화가로서의 길은 포기해야만 했습니다. 지금 생각하면 그 꿈을 이루지 못해 아쉽지만 절대 후회는 하지 않습니다. 탈 만드는 일을 통해 어릴 때 꿈을 어느 정도 이루어가고 있기 때문입니다."

황씨는 누구를 사사(師事)하며 진주오광대탈 제작을 배운 것은 아니다. 1934년 송석하 선생이 수집해 국립중앙박물관에 보관해 놓은 탈들을 박물관 측의 허가를 받아서 정밀 실측하고, 고려대 전경욱 교수 등 전문가, 전문 탈제작자 등의 자문을 거쳐 제작하게 되었다.

"탈 만드는 일은 우선 재미를 느껴야 할 것 같습니다. 단순한 기능보다는 전통의 맥을 잇는다는 자부심과 한번 해보겠다는 자신의 의지가 중요한 것 같습니다."

공연탈 하나를 만들려면 1주일이 꼬박 걸린다고 한다. 워낙 손질이 많이 가는 작업이라 상당한 인내를 필요로 한단다. 탈 모형을 만든 다음 석고로 본을 뜨고 그 위에다 풀같이 만든 종이를 하나 둘 붙여나간다고 한다. 자연건조는 4~5일 정도 해야 하며 그 작업이 끝나면 채색을 한다고 한다.

"앞으로 2년 뒤쯤엔 대학원에 진학해 조소나 조각 부문의 공부를 더 하고 싶습니다. 또한 내년엔 탈 전시회도 열어 우리 탈의 여러 모습을 선보이고도 싶습니다. 저는 앞으로 탈 만드는 이 일을 천직으로 여기며 살아가려 합니다."

황씨는 지금 분주하다. 얼마 전에 진주오광대보존회 사무실을 옮겼는데 마무리해야 할 것이 한두 가지가 아니란다. 또한 탈 만드는 작업장도 공방 형태로 운영할 계획인데, 그 준비로 바쁘다. 탈 하나를 완성하기 위해 1주일을 전력투구한다는 황병권씨. 그를 통해 우리전통의 맥은 쉼 없이 면면히 이어지고 있음을 확인할 수 있다.

영화감독 꿈꾸는 「송성권」씨

"디지털 카메라 속 세상은 내 꿈꾸기 나름이다." 디지털 카메라 하나만 있으면 세상이 온통 내 것만 같다는 송성권씨(카메라 영상 제작자·진주시 신안동). 송씨는 앞으로의 꿈이 디지털영화 감독이다. 잔잔한 감동을 주는 야무진 영화 한 편을 언젠가는 만들겠다는 꿈을 조금씩 조금씩 현실화해 가고 있다.

부드럽고 감동 주는 영상을 만들기 위해 연구 노력한다는 송씨는 홍보용 비디오 제작, 디지털 편집, 뮤직 비디오·각종 영상물 제작을 담당하는 꿈 많은 젊은이이다. 아직은 개척단계에 있는 이 분야에 발을 들여놓은 것은 어릴 때부터 키워온 영화감독에 대한 꿈을 버리지 못했기 때문이다. 잘 만들어진 영화를 보면 자기도 모르게 빠져든다는 그는 대학진학보다 카메라를 먼저 선택했다.

"서울서 카메라 다루는 기술을 배울 때 선배로부터 혹독한 훈련을 받았습니다. 현장실습이 너무 힘들어 중간에 몇 번이나 그만 둘까도 생각했습니다. 하지만 어릴 때부터 가져왔던 꿈 실현을 위해 꾹 참았습니다. 노력한 만큼 결실은 주어지는 것 같습니다."

이론적인 소양도 필요하지만 현장경험과 감각이 중요하다고 강조하는 송씨는 남에게 감동을 줄 수 있는 일을 하고 있다는 데 무한한 보람과 희열을 느낀다고 한다.

얼마 전엔 도문화예술회관에서 공연되는 연극을 촬영하느라 바빴다고 한다. 배우들의 미묘한 감정표현을 온전히 살려 영상으로 담아내기란 쉬운 일만은 아니었다고 한다. 카메라를 제대로 다루기 위해서는 고도의 테크닉과 함께 풍부한 감성이 요구된다고 한다. 제 아무리 뛰어난 기술을 가졌다 하더라도 카메라를 다루는 사람의 마음이 식어 있다면 온전한 영상을 만들 수 없다는 것이다.

"휴일이면 혼자 무작정 어디론가 떠납니다. 아직은 둘보다 혼자가 좋습니다. 여행은 역시 혼자서 걷는 초행길이 좋습니다. 봄이면 꽃들과 긴 대화를 나누며 자연의 숨소리를 듣습니다. 겨울이면 하얗게 덮인 세상과 하나가 돼 보기도 합니다. 그러면 대자연 속에 시나브로 겸손해지는 나 자신을 발견할 수 있습니다."

송씨는 일찌감치 대학 진학은 포기했다. 친구들이 캠퍼스의 낭만을 즐길 때 카메라를 들고 거리로 나섰다. 이 세상을 자신의 눈과 마음으로 새롭게 창조하고 싶었던 것. 렌즈로 바라보는 세상은 정말 고요하다. 그 고요함 속에 그는 아름다움이라는 이름의 무늬를 하나씩 둘씩 수놓아 가는 것이다.

어릴 때부터 꿈꿔 온 영화감독에 대한 동경 때문에 잘된 영화를 보면 송씨는 자신도 모르게 가슴이 떨린다고 한다.

"곽경택 감독이 만든 영화 '친구'는 유오성, 장동근이라는 걸출한 배우들의 역할이 돋보이는 영화인 것 같습니다. 1980년대 학창시절을 보낸 사람들이 가질 수 있는 향수를 자극했다는 점도 이 영화의 인기요

인이지만, 배우들의 실감나는 연기가 관객의 눈길을 사로잡는 것 같습니다. 장동근, 유오성의 사투리 연기는 정말 일품입니다."

'노력한 만큼 결실은 돌아온다'는 말을 생활신조로 삼고 있다는 송씨는 집에서는 막내이다. 위로 4명의 누나는 모두 짝을 찾아 출가했다고 한다. 자신이 하고 있는 지금의 일에 대해 가족은 한없는 믿음을 갖는다고 한다. 이 세상 가족의 믿음보다 소중한 보배는 없다. 그만큼 송씨는 가족의 든든한 지원을 받으며 일하고 있는 셈이다.

"기회가 된다면 공부를 더 하고 싶습니다. 대학에 진학해 뭔가를 배우겠다는 생각은 하지 않습니다. 제가 일하고 있는 분야의 앞선 기술을 배우거나 마음을 살찌우는 인문적 소양을 쌓고 싶습니다. 시·소설 등 문학작품을 많이 읽으면서 감성을 풍부하게 기르고 싶습니다."

아직 개척단계에 있는 만큼 무한한 가능성을 지닌 영상제작 분야. 감동을 주는 영상을 만들기 위해 오늘도 카메라를 메고 거리를 누비는 송씨를 보면 그의 꿈이 실현될 날이 멀지 않았음을 예감할 수 있다.

YMCA 간사 「문지영」씨

'영숙아, 철민아 보아라. 너희들 편지는 잘 받아 보았다. 자신들 고민을 스스럼 없이 얘기해 줘서 고마웠다. 밤하늘을 바라보면 가끔은 반짝반짝 빛나는 별들을 만날 수 있어 좋다. 어쩌면 고민과 방황의 연속이랄 수 있는 청소년기, 너희들을 볼 때면 나는 밤하늘의 별들을 생각한단다. 별들이 사라진 하늘은 얼마나 쓸쓸할까. 청소년들의 눈망울에 희망의 빛이 사그라진다면 세상은 얼마나 삭막할까. 어른의 잘못된 행태들에 대한 너희들 불만에 나는 떳떳이 답해줄 자신은 없다. 하지만 너희들 고민을 듣고 이해하며 눈물까지 흘려줄 수 있는 선배들이 많다는 사실은 알아주기 바란다. 나는 너희들을 단순히 이끌어주는 입장이 아니라, 언니 누나의 마음으로 너희들 고민과 눈물을 대하고 싶단다.'

세상이 모두 잠든 고요한 밤, 종종 밤하늘의 별을 헤아리며 마음의 편지를 쓴다는 문지영씨(진주시 신안동). 그의 일터는 진주YMCA 청소년사업센터로 그는 현재 간사 일을 맡고 있다.

1994년부터 YMCA에서 일을 시작해 벌써 7년이라는 세월이 흘렀다. 처음에는 환경 관련 일을 맡아 밤낮 뛰었고, 청소년사업센터 일을 하기 전에는 소비자운동을 하기도 했다. 시간이 흐르면 흐를수록 문씨는 자신의 일에 무한한 애착을 느낀다고 한다. 화려하거나 돈 잘 버는 일은 결코 아니지만, 일한 만큼 세상을 아름답게 만들어 간다는 일념으로 하루하루를 열심히 살아가고 있다.

"청소년들의 해맑은 눈망울에서 내일을 희망을 본다"는 그는 미래에 대한 희망을 무한히 확대할 수 있는, 살맛나는 세상을 만들어 가는 것이 꿈이다. 일주일에 두세 번씩 대외적인 일 때문에 출장을 가야 하는 힘든 생활의 연속이지만, 개인적인 어려움은 밖으로 드러내지 않는다. 차라리 안으로 안으로 감내만 할 뿐, 남의 어려움을 먼저 생각하는 그. 문씨는 청소년들의 밝은 웃음을 볼 때면 고생도 어느새 가신다고 한다.

"청소년기 때, 제가 좋아하는 선생님이 있었어요. 학생들을 가르치는 모습이 너무 멋있어 저도 나중에 선생님이 되겠다고 다짐했어요. 남을 가르치는 게 결코 쉬운 일이 아니지만, 노력하면 그만큼 보람도 느낄 수 있는 직업이라고 생각했어요. 지금 제가 하는 이 일이 어릴 때 가졌던 꿈하고는 조금 다르지만, 노력한 만큼 보람을 찾을 수 있다는 데 공통점이 있는 것 같아요."

문지영씨가 맡아 하는 일은 그 범위가 넓다. 청소년 동아리활동 지원, 청소년 문화사업, 자원봉사단 활동, 청소년 유해환경 추방운동, 기타 지역문제 연대활동 등이다. 모두 다 보통사람의 생각과 힘으로 하기엔 만만치 않은 일이다. 문씨는 사람들을 만나고 함께 발전해 나가는 것을 보람으로 여긴다고 한다.

"뭔가를 간절히 바라면 그 일이 이루어진다고 하죠. 어떤 일이든 주체적인 의지가 중요하다고 봐요. 가끔은 밤하늘을 바라봅니다. 깜깜한 밤하늘을 응시하고 있노라면 어둠 속에서도 한 줄기 희망의 빛을 보곤 합니다. 청소년 문제는 어른들의 시각이 아닌 청소년들의 눈높이에서 바라볼 때 해결이 가능하다고 봅니다."

문씨는 청소년 문제를 해결하는 시각과 방법이 바뀌어야 한다고 주장한다. 어떤 사안이 생기면 청소년들 스스로 해결점을 도출해 나갈 수 있는, 자율적인 토론문화 정착이 절실하다고 말한다. 청소년들이 어떤 일에 단순히 참여한다는 소극적인 태도에서 벗어나 적극성을 띨 수 있도록 보조하는 매개자 역할, 그것이 문씨가 추구하는 이상적인 지도자의 모습이다. 그는 청소년이 일의 주체가 되는 '청소년 운동'이 우리 주위에서 활발하게 일어나야 한다고 강조한다.

"예를 들어 휴대폰 사용예절을 이야기해 보죠. 공공장소에서는 마땅히 이렇게 해야 한다가 아니라, 청소년들 스스로 어떤 기준을 설정해 지켜나가는 게 중요하다고 봐요. 우리 청소년에겐 무한한 가능성이 있기 때문에 그것이 가능하다고 봐요. 실제로 그러한 희망을 이미 여러 곳에서 확인할 수 있었어요."

'어리석은 자의 우직함이 세상을 바꾼다'는 생활신조로 하루하루를 아름답게 수놓아 가는 문씨의 해맑은 웃음을 보면 순진무구한 하늘을 닮은 것 같다. 30살이라는 나이가 무색할 정도로 몸과 마음은 싱그러운 젊음을 발산하고 있다. 그것은 청소년의 생각과 감각을 닮아가기 때문일 것이다. '지상에 천사가 있다면 어떤 모습일까' 잠시 생각에 잠겨 본다.

문제해결의 방법이 보이지 않을 때, 불면의 밤을 지새우기도 한다는 문씨는 청소년문제 전문가다. 지난해 청소년지도자 2급 자격증을 획

득해 전문성을 키워가고 있다. 항상 연구 노력하는 모습은 앞으로의 계획에서도 알 수 있다. 기회가 된다면 대학원에 진학해 청소년복지 분야를 좀 더 연구해 보고 싶다는 알찬 포부를 갖고 있다.

문씨는 취미로 화초 가꾸기를 즐겨 한다고 한다. 사무실 한편에 잘 손질된 화초들이 숨 쉬고 있는 것을 발견할 수 있다. 은은히 번져나는 꽃 향이 사무실 공기를 맑게 해준다. '생물은 결코 거짓말을 하지 않는다'는 진리를 화초를 통해 배울 수 있단다.

"아이들 속에서 무한한 가능성을 느낍니다. 젊음이 있는 곳에서 미래에 대한 희망을 가질 수 있습니다. 별 다른 욕심은 없습니다. 좋은 사람들을 만나 함께 발전해 가는 보람은 제게 있어 큰 재산입니다. 앞으로도 이 일은 계속할 것입니다."

문씨는 이 세상을 아름답게 가꾸어가는 천사임에 틀림없다. 거리에서 그와 같은 아름다운 얼굴을 많이 만나는 것은 분명 즐거운 일이다. 아이들 속에서 땀 흘리며 세상을 밝게 가꾸어가는 손길에서 우리는 밝은 내일을 예감할 수 있다.

경호무술 전도사 「신풍용」씨

"절체절명의 위기상황에서 자신뿐만 아니라, 남의 생명까지도 보호할 수 있는 기술을 터득하고 있다면 얼마나 좋겠습니까. 고귀한 생명들이 단시간에 희생되는 미 테러참사와 같은 일은 방지할 수 있지 않을까요. 칼을 든 테러범 몇 명의 위협 속에 속수무책 당하고 있었을 승객들을 생각하면 자기방어술의 중요함을 절감합니다."

우리 사회에 자신의 생명을 담보로 뭇사람의 안전을 책임질 수 있는 젊은이들이 하나 둘 늘어가는 것은 희망적인 일이다. 어릴 때부터 호신술의 기본 정도는 익히도록 배려한다면, 앞으로 있을지도 모를 비인도적 만행은 미연에 방지할 수 있을 것이란 얘기가 예사로 들리지 않는다.

중앙경호무술협회 진주·사천시 지부장인 신풍용씨(사천시 송포동)는 믿음을 주는 사람이다. 자신의 고향에서 예절을 겸비한 인성교육과 함께 경호무술을 여러 사람들에게 전수하고 있기 때문이다. 중앙경호무술 6단, 대한 국술합기도 4단, 태권도 공인 3단, 프로태권도 2단 등 총 보유단수가 무려 15단이나 되는 그는 겉보기엔 여느 사람과 별반 다를 바가 없다. 평범하다 못해 여리게 보일 정도. 하지만, 번득이는 강한 눈빛은 위협적이지 않지만 상대방을 제압하고도 남음이 있어 보인다. 경호무술의 개척지나 다름없는 사천지역에서 무술관을 열어 자신이 배우고 익힌 기술 하나 하나를 전파하는 신씨. 경호무술의 전도사 역할을 자임하고 있다.

"중학생 때 삼천포에 놀러갔다가 선배 여러 명에게 봉욕을 당한 적이 있었습니다. 그때 제 자신이 왜 그렇게 싫었는지 모르겠습니다. 아무런 대응도 하지 못한 채 무기력하게 물러나야만 했던 제 자신, 너무나 부끄럽고 수치스러워 견딜 수 없었습니다. 운동을 시작했습니다. 남에게 지기 싫어서, 그리고 제 자신을 보호하기 위해서였습니다. 벌써 15년이 흘렀군요. 오기로 시작한 운동이 이젠 저의 직업으로 자리 잡아 가고 있는 데 묘한 즐거움을 맛봅니다."

경호무술은 무도(태권도 합기도 격투기 킥복싱 유도)의 기본기를 바탕으로, 경호 실무현장에서 펼쳐지는 고도의 민첩성과 신속한 상황판단, 그리고 제압 중심의 기술력을 검토해 체계화한 종합무술이다.

신 관장은 수련생들에게 바른 품성 함양과 생명의 존엄성을 강조한다. '올바른 인성이 바탕이 되지 않은 무술은 때론 살상무기와 다를 바 없다'고 말하는 그는 효 실천을 특히 권한다. 인성교육 실천 그래프를 개발, 5대 실천항목을 학생들 스스로 정하고 실천케 함으로써 몸과 마음이 조화를 이루는 무술인을 양성하고 있는 것이다. 부모님 돕기, 일기 쓰기, 정리정돈, 먼저 인사하기 등 실천사항은 학생들의 생활태도에 좋은 변화를 줘 학부모들로부터 호평을 듣고 있다.

신 관장은 서울경찰 37기동대 무도교관(92~95년), 부산 하단체육관 사범(95~96년), 부산 아카데미체육관 사범(96~99년), 진주 창무체육관 사범(99~2001년 5월) 등을 지냈으며, 서울경찰청 표창과 한·일 친선 국제무도대회 겨루기부문 금메달 수상의 영광을 안기도 했다.

"호신술은 상대를 해치는 기술이 아닙니다. 위기상황에서 유용하게 쓸 수 있는 자기방어의 한 수단이라고 보시면 됩니다. 요즘 들어 학교 내 폭력이 갈수록 심해져 사회적으로 문제가 되고 있습니다. 학생들에게 최소한의 자기보호 능력은 갖추도록 관심을 가질 필요성이 점증하고 있는 것이죠. 기회가 된다면, 일선 학교 학생들에게 호신술을 무료로 가르쳐 보고 싶습니다. 생활화된 자기방어 기술은 학교폭력, 더 나아가 위기상황으로부터 자신과 이웃을 보호할 수 있다고 봅니다."

방송국 리포터 「김승현」씨

몇 년 전 일로 기억된다. 한 일간지에 '프로기질'이란 제목의 미니 칼럼이 게재된 적이 있다. 당시 마음속으로 '한 개인의 생활 자세와 인물 됨됨이를 적실하게 보여주고 있구나'라는 생각을 했었다.

'방학 때 학생들은 아르바이트를 많이 한다. 사회경험 쌓기와 학비마련이 주목적이다. 한 회사에 아르바이트 학생이 들어왔다. … 관련 자료들을 찾기 쉽고 한눈에 볼 수 있게 일정한 자리에 정리해 놓았다. 흐트러지면 다시 모았다. 하루는 캐비닛을 열면서 입이 벌어졌다. 어지럽게 널려 있던 소모품들이 일목요연하게 정리돼 있었기 때문만은 아니다. 직원들이 가져가기 쉽게 위치변경을 해놓고 '필요한 만큼만 가져가세요'라는 점잖은 충고의 글도 붙였다. 아르바이트생은 필요이상의 말을 하지 않는다. 업무에 벗어난 행동은 말할 것도 없다. 스스로 할 일을 찾아 온종일 분주하다. 맡은 일을 척척 해낼 뿐이다. 책상 위에는 업무전달 상황이 깨알 같은 글씨로 적혀 있다. 아르바이트생이라지만 평소 몸에 밴 프로기질은 나타나는 법이다.'

(미니 칼럼 '프로기질' 中)

몇 년 전 글을 소개하는 이유는 당시 미니 칼럼 속 아르바이트생이 이 글의 주인공이기 때문이다. 청취자들에게 새롭고 알찬 소식을 전하기 위해 종횡무진 활약하는, 진주KBS 라디오 리포터 김승현씨(진주시 인사동). 그가 몇 년 전 화제의 주인공이었다는 사실을 안 것은 얼마 전 우연한 만남을 통해서였다.

어느 전시회 개장식장. 낭랑한 목소리로 행사를 진행해 가는 모습을 보면서 어디서 많이 본 듯한 느낌을 지울 수 없었다. 해맑게 웃으며 반갑게 대해주는 모습이 친근하게 다가왔는데, 자신을 드러내지 않으려는 겸양의 미덕은 예나 지금이나 여전했다.

대학에서 원예학을 전공한 김씨는 어려운 이웃들의 살아가는 이야기를 소중히 여긴다. 아름다운 꽃동산을 보기 위해선 꽃 하나 하나에까지 애정을 쏟아야 하듯, 그는 살맛나는 세상을 만들기 위해서는 소외된 사람들의 목소리에도 귀 기울여야 한다는 사실을 강조한다.

"얼마 전 수곡 나환자촌과 진성 노인의 집을 방문한 적이 있었습니다. 짧은 시간이었지만, 그곳 사람들과 인터뷰하면서 정말 어렵게 살아가는 사람들이 많다는 것을 실감했습니다. 사회의 따뜻한 손길이 부단히 필요한 분들이죠. 또한 어려움을 어려움으로만 여기지 않고 자신들의 삶을 알차게 가꾸어가는 그분들의 모습에서 진한 감동을 받았을 뿐만 아니라, 더불어 살아가는 참사랑의 소중함도 배울 수 있었습니다."

김씨는 현재 KBS라디오 '진주비전21'(오전 11시 10분)과 FM '김미균 음악앨범'에서 청취자들과 만나고 있다. 진주비전21 프로그램에서는 매일 다양한 내용으로 청취자들에게 다가가고 있다. 월요일은 생활정보, 화요일은 한 주간 화제현장, 수요일은 여론광장, 목요일은 열심히 살아가는 시민들 이야기, 금요일은 문화가 소식, 토요일은 문화재 이야기를 전해준다.

"리포터 일을 하면서 많은 사람들과 좋은 관계를 맺을 수 있고, 또한 어려운 사람들도 도울 수 있다는 데 지금의 일에 무한한 매력을 느낍니다. 큰 힘은 되지 못하지만, 노력한다면 사회의 어두운 곳에 빛을 줄 수도 있다는 자부심으로 정진할 생각입니다."

대학 1학년 때부터 교내 방송국 아나운서로 활동하며 방송인의 자질을 쌓은 그는 '어떤 일이든 부닥쳐 보자'는 적극적인 생활자세로 하루하루를 가꿔가고 있다.

섭외, 인터뷰, 글쓰기, 편집, 방송 등 매일 바쁜 생활의 연속이지만, 알찬 방송을 하기 위해 연구 노력도 게을리 하지 않는다. 신문이나 잡지는 빼놓지 않고 탐독하고, 심지어 길거리 현수막 하나도 예사로 보지 않는다. 목소리 관리는 어떻게 하느냐는 물음에 그는 틈틈이 화장실에서 책을 소리 내 읽으면서 목소리를 가다듬는다고 살짝 귀띔한다.

"어릴 때 제가 방송출연을 무척이나 하고 싶어 했다고 어머니께서 말씀하십니다. 지금 그 꿈을 어느 정도 이루었다고 생각합니다. 진주서경방송에서 리포터로도 활동해 보았는데, 저는 청취자들의 상상력에 호소하는 라디오 방송에 더 호감이 갑니다. 앞으로 바람이 있다면, 프로그램 하나를 맡아 진행을 하는 것입니다."

독자와 청취자들에게 노래 한 곡을 추천해 달라는 부탁에 서슴지 않고 데비 분(Debby Boone)의 'You light up my life'를 권한다. 팍팍한 세상살이에 편안한 휴식을 줄 수 있는 곡이라며 꼭 한번 들어보기를 청한다.

낭랑한 목소리, 해맑은 미소가 아름다운 김승현씨. 거리에서, 혹은 방송을 통해 그와 만난다면 하루가 분명 즐거워질 것이다.

고산(高山) 등반가 「박정헌」씨

8,000m급 산을 오른다는 것은 일반인들에겐 실감나지 않는 이야기다. 높디높은 산 정상에 올라 고산의 당당함과 한번 맞서보는 기쁨과 성취감, 그것은 상상만 해도 즐거운 일이다. 좌절과 고통을 인내하며 지구상에 존재하는 거봉(巨峰)들을 차례로 정복해 가는 아름다운 얼굴과 만난다는 것, 이것 또한 하나의 기쁨이 된다.

우리나라를 대표하는 히말라야 거벽 등반가로 통하는 박정헌씨. 그는 히말라야에서도 오르기 어렵기로 악명 높은 '신이 허락한 땅' K2(8,611m)를 지난해 세계 최다등정(8명) 기록을 세우며 세계 4번째로 정상 정복했다. 또한 안나푸르나(8,091m) 남벽과 에베레스트(8,848m) 남서벽을 등반했으며, 1996년 몽블랑 프레니와 초오유·시샤팡마, 그리고 1997년 낭가파르밧과 아콩가구아를 올라 대한남아의 기상을 세계에 떨치기도 했다.

박씨를 만나기 전, 산과 함께 해온 그는 분명 고봉의 험준함을 닮아 있을 것으로 생각했다. 하지만, 그러한 생각들이 잘못된 선입견이었다는 것을 깨닫는 데는 많은 시간이 필요치 않았다. "남에게 소개할 특별한 이야기가 있겠느냐"며 겸손해 하는 박씨의 미소가 풋풋한 정을 느끼게 했다. 수수한 그의 모습은 인간적인 체취마저 풍기고 있었다.

"산은 저를 완성해 가는 삶의 소중한 배움터입니다. 더욱 가치 있는 등반을 하기 위해 끊임없이 노력할 것입니다. 뭇사람이 왜 사는가에 대한 답을 찾으려 하지만, 지금까지 수긍할 만한 해답은 나오지 않고 있습니다. 단지, 보다 가치 있는 인생이 어떤 것인가에 대한 생각만 나왔을 뿐이죠. 등반도 마찬가지인 것 같습니다."

사천 바닷가 출신으로 중학교 때부터 산에 발을 들여놓은 그는 삼천포산악회에 가입하면서 와룡산 바위에 빠져들었다. 노력한 만큼 결과도 돋보였는데, 고교시절 전국암벽등반대회 4위에 입상해 주위의 부러움을 사기도 했다. 또한 인수봉 등반에 나서는가 하면 남한 최대의 빙벽폭포인 설악산 토왕폭 역시 고교시절에 올랐다.

전문등반에 몰입해 지내는 박씨의 모습을 지켜본 선배들은 클라이머로서의 성장 가능성을 확신하고, 1989년 당시 18세이던 그를 히말라야로 이끌었다. 초오유 원정이었다. 7,300m까지 오른 그는 이 등반에서 히말라야의 비정함을 배운다. 친형제처럼 지내던 셰르파가 7,500m대의 스노돔을 등반하다 추락사했고, 그 셰르파가 추락하면서 흘린 피를 두 눈으로 목격한 것이다.

"몇 분 전까지만 해도 옆에 있던 동료가 한순간에 목숨을 빼앗기는 데서 오는 허무감과 끊임없이 엄습해 오는 죽음에 대한 공포, 정말 견디기 어려웠습니다. 다시는 히말라야에는 오지 않으리라고 다짐하고 다짐했습니다."

그 결심은 오래 가지 못했다. 1994년 군복무를 마치자 그에게 또다시 히말라야 등반의 기회가 온 것. 경남산악연맹의 안나푸르나 남벽 원정이었다. 끊임없이 쏟아지는 폭설과 낙석 등 악조건을 극복하고 박씨는 이 등반을 성공적으로 마칠 수 있었으며, 1995년엔 에베레스트 남서벽 등반에 나서 크랙~록밴드~남봉으로 이어지는 힘든 구간을 앞장서 뚫기도 했다.

박씨는 촬영기술도 뛰어나다. 1996년에 히말라야와 알프스, 1999년에는 K2를 비롯한 가셔브롬 1·2봉을 촬영한 사진으로 전시회를 갖기도 했다. 등반하면서 찍은 사진과 글들을 모아 머지않아 책으로도 선보일 계획이라는 그는 현재 한국도로공사 클라이밍팀 팀장을 맡고 있기도 한데, 매년 두 차례씩 고산 신(新)루트 개척을 위해 해외원정에 나설 예정이라고 한다.

화가 경찰관 「김영성」 씨

"온갖 꽃들이 앞서거니 뒤서거니 만발하는 이즈음이면 어디론가 훌쩍 그림여행을 떠나고 싶다. 어느 한적한 시골길에 다다르면 온 세상이 내 것만 같다. 뭔가를 그리고 싶다. 화폭 가득 번지는 미소만큼이나 따뜻한 이야기를 전하고 싶다."

전문적으로 그림공부를 하지는 않았다. 하지만 무언가를 그리지 않으면 견딜 수 없을 만큼 허전함이 자리한다는 김영성씨(진주경찰서 교통지도계 경장). 그는 대학에서 물리학을 전공했으며, 경찰에 투신한지 벌써 8년이라는 세월이 흘렀다. 캔버스 앞에 서면 온갖 잡념이 순식간에 사라진다는 그이기에 시간이 날 때마다 스케치여행을 꿈꾸곤 한단다.

"일반적으로 경찰관 하면 감성이 메마른 사람쯤으로 치부해 버리곤 합니다. 물론, 일의 성격상 매순간 긴장을 요하기 때문에 겉으로 비춰지는 모습에서 그러한 인식을 가질 수는 있으리라 봅니다. 하지만 경찰관도 똑같은 사람이기에 즐거운 일에는 기뻐하고, 슬픈 일에는 함께 아파합니다. 저 같은 경우엔 그림으로 마음자리를 다스려가는 편이죠."

김씨는 자신의 살아가는 이야기가 남에게 알려지는 것을 극구 사양할 정도로 겸손하다. 전문적인 그림공부를 하지도 않았고, 자신의 그림을 남 앞에 드러낼 정도로 수준 있는 것도 아니라는 것. 특히나 공직에 있는 사람으로서 남 앞에 서기가 조심스럽다고 밝혔다.

"저 같은 경우엔 그림을 전공했거나 동아리모임에 들어 작품활동을 하는 것은 아닙니다. 다만 그리고 싶을 때, 뭔가를 그리지 않으면 안 될 때 붓을 듭니다. 제가 그림 그리기를 좋아하고 즐기게 된 데는 사실 초등학교 담임의 영향이 큽니다. 선생님은 저에게 꿈과 희망을 심어주셨습니다. 그림에 소질이 있으니 앞으로 열심히 그려보라는 말씀이었습니다."

그 옛날 초등학교 담임이 심어준 희망과 꿈이 살아가는 데 큰 힘이 되고 있다는 김씨는 지금도 꾸준히 그림을 그려오고 있다. 경찰관들 사이에서는 그의 그림실력이 상당히 알려져 있는 편이다. 경찰청에서 전국 경찰관을 대상으로 실시한 '경찰개혁 100일 작전기념 문예대전'에 입상, 경찰청장 표창을 받았다. 또한 경남도지방경찰청 작품공모에 입상해 지방청장 표창을 받기도 했다. 지난해와 올해 그림으로 받은 표창을 모두 합치면 5개나 된다고 한다.

'뿌린 만큼 거둔다'는 경구를 생활신조로 오늘도 교통지도를 위해 거리를 누비는 그는 벽화에도 일가견을 갖고 있다. 진주시 금산면 금산파출소 정문 양쪽엔 다른 데서는 보기 어려운 벽화가 자리하고 있다. 포돌이·포순이를 주제로 한 그림이다. 이 그림은 김씨가 금산파출소에 근무할 때 그린 것이라고 한다.

"처음엔 파출소 건물 벽에 그림을 그려야겠다는 생각을 하지 못했습니다. '파출소는 어떠해야 한다'는 고정관념을 갖고 있었기 때문이었죠. 하지만 포돌이·포순이를 주제로 한 그림을 그려놓으니 민원인과 이곳을 찾는 시민들의 반응이 좋았습니다. 지역민들 정서순화에 큰 도움이 되는 것 같습니다."

김씨는 시간이 허락하는 한, 그리고 자신의 도움이 필요한 곳이라면 어디든지 달려갈 준비가 돼 있다고 한다. 관공서 벽의 빈 공간, 혹은 거리 담장을 자신의 손길로 산뜻하게 단장하고 싶은 마음을 갖고 있다고 밝혔다.

한 손에 민중의 지팡이를, 또 다른 한 손엔 붓을 든 경찰관. 어쩌면 어울릴 것 같지 않으면서도 절묘한 조화를 이루어내는 김영성씨. 거리에서 그를 만나면 오늘도 즐거운 하루가 된다.

단풍 화가 「김한석」씨

경남 진주 동방호텔 1층 로비에 들어서면 정면으로 200호짜리 대형 그림 한 점이 눈에 들어온다. 지리산 단풍을 절묘하게 담아낸 작품이다. 산을 좋아하지 않는 사람이라 하더라도 온 산을 울긋불긋 물들이고 있는 지리산 풍경을 보노라면 그 정취에 빠져들고픈 감흥이 절로 인다. 하지만, 정작 이 그림을 그린 작가를 아는 사람은 많지 않다. 광주에서 작품 활동을 하다 진주로 생활터전을 옮긴 단원(丹苑) 김한석씨가 그 작품을 탄생시킨 주인공이다.

진주시 이현동 진주여중 앞 건물에 김한석씨는 산다. 그리고 그 지하실에 작가의 작업실인 단원화실이 있다. 동방호텔 단풍그림이 배태된 곳이다. '지하실이지만 아늑한 공간 구성에 예술미가 한껏 묻어나지 않을까.' 거리에 은행나무가 노랗게 물들어 갈 즈음, 그가 안내하는 건물로 들어서며 그의 작업실 풍경을 그려보았다.

그러나 김씨의 작업실은 이와는 상반된 구조와 느낌으로 필자의 상상을 단방에 무너뜨렸다. 언뜻 보기에 잡동사니 창고 같은 느낌을 주었다. 이곳에서 그토록 아름다운 그림이 나왔으리라고는 상상할 수 없었다. 감색 점퍼차림으로 꾸미지 않은 작가의 스타일도 인상적이거니와 작가 뒤쪽으로 아무렇게나 놓인 여러 물건들에서 때 묻지 않은 편안함을 느낄 수 있어 좋았다. 화실 벽면 곳곳엔 작가의 손길을 기다리는 지리산 단풍그림이 걸려 있다.

"이곳은 저의 천당이에요. 저의 천국이며 저의 우주입니다. 나가지 않아도 여기서 할 일이 너무 많아요. 그림도 그려야 하고, 생각도 해야 하거든요. 그러다 심심하면 지인들과 함께 바둑을 두며 세상사를 얘기하죠. 책을 읽으며 가끔씩 눈물을 흘리기도 합니다. 요즘 같아선 솔직히 그림 그리는 시간도 부족한 것 같습니다."

진주 근교는 크고 작은 명소들이 많은 곳이다. 예향인 진주를 가까이 보고 싶어 생활터전을 옮겨버린 김한석씨. 그는 "지리산 자락 자락이 한 폭의 동양화 같다"고 말하는 예인(藝人)이다. 지리산은 거칠면서도 어머니 품과 같이 아늑하게 다가온다고 그는 강조한다. 한 화가의 지리산 사랑은 어느 무엇 하고도 견줄 수 없을 만큼 넓고 깊다. 지금껏 그래왔듯이 앞으로도 그 사랑엔 변함이 없을 듯하다.

김씨가 적어놓은 작품 후기엔 작가의 치열한 예술혼을 느낄 수 있다. '늦은 밤까지 붓질을 하다 의자에 기대 잠이 든다. 아침을 여는 까치소리에 잠을 깬다. 창밖을 보니 완연한 가을정취만이 가득하다. 병풍처럼 펼쳐진 지리산 자락을 휘어 감는 솜뭉치 같은 구름떼들이 몰려온다. 다시 붓을 잡는다. 수십 년 동안 시시각각 변하는 대자연의 오묘한 신비가 내 심장 한 쪽에서 창작의 열정을 충동질한다.'

오늘도 화가는 남화풍의 거친 수묵과 정교하면서도 간결한 채색풍으로, 억겁의 세월을 말없이 우리를 지켜주며 기다려온 지리산 자락을 엄숙한 마음으로 화폭에 담기에 여념이 없다.

미술협회 「이경수」 사무국장

미술인 친구 P에게.

떨어지는 낙엽을 보면 자연법칙에 순응하는 멋스러움을 보는 것 같아 미소를 지어 본다는 나의 친구 P. 건강히 잘 지내겠지. 가까이 살면서도 왕래가 잦지 않아 미안한 마음 감출 수 없다. 작년 5월께 진주미협 사무국장을 맡았으니 이제 1년 반이 지나가고 있는 셈이다. 처음 계획했던 것만큼 일은 하지 못했는데, 부질없이 시간만 흘러 속상할 때가 많다. 특출 난 소질이 있다고 느끼지는 않기에 조급해하지는 않는다네. 소식은 언론매체를 통해 가끔씩 들어 알고 있다. 붓을 가까이 하며 작품활동에 매진하는 너의 모습에서 사람살이의 정도를 배우게 된다.

진주미협 사무국장직을 수락했을 때, 선후배와 동료들이 우려를 많이 했다네. 하지만, 처음 가졌던 나의 생각엔 아직 변함이 없다. 진주미협 살림살이를 나 몰라라 할 수는 없는 일. 누구든 나서 맡아야 하는 것은 불문가지다. 삼사일행(三思一行)이란 말을 생각해 본다. 말 때문에 상처받고 아픔을 주는 일들은 없어야 된다고 생각하네. 주위에서 생각하는 것처럼 외롭거나 불행하지는 않다. 인생은 마라톤 경주에 곧잘 비유되곤 하지. 길게 멀리 보며 나의 길을 가고 싶네. 어려움에 좌절하지 않고, 사사로운 안위에 매몰되지 않는 삶을 살고 싶다는 말일세. 나의 친구 P, 항상 건승하기를 빌겠네. 친구 경수.

진주미협 사무국장 이경수씨(진주시 수정동)는 조용한 가운데 많은 말을 전해주는 사람이다. 편안한 느낌을 줘 누구나 쉬 다가설 수 있는 예술인이다. 개인적인 업무보다는 미협 일을 우선시한다. 팍팍한 세상살이에 자신에게 비록 손해가 될지라도 회원들에게 도움을 줄 수 있는 일이 있다면 바쁜 시간도 할애한다. 진주미협에서 월급이나 수당을 받는 것은 아니다. 회원들에 대한 애정, 그리고 봉사·희생정신이 없다면 할 수 없는 일을 그는 하고 있는 것이다.

올 개천미술공모대상전과 미술실기대회 기간, 대회준비와 작품전시 등으로 잠을 제대로 자지 못하는 것을 볼 수 있었다. 회원들의 관심과 참여를 조금이라도 더 끌어내기 위해 동분서주하는 모습도 확인할 수 있었다. 남의 눈 의식하거나 시류에 영합하지 않고 자신을 믿으며 묵묵히 일하고 있는 것이다.

"고등학교 때 개천미술실기대회에 나가 학생부 대상을 받았습니다. 미술담당이셨던 조현제 선생님의 관심과 열정이 밑거름이 됐다고 봅니다. 고교 졸업 후 공장·표구사 직원, 그리고 학원강사와 미술학원 운영 등 많은 일을 해보았는데, 목표를 향해 가는 하나의 길들이라 생각했기에 매진할 수 있었습니다."

이씨는 대학을 조금은 늦게 마친 경우에 속한다. 고등학교 졸업 4년 뒤인 1985년도에 경남대 미술교육과에 입학해 화가·교육자로서의 기본을 다졌다. 교단에서 학생들을 가르치기도 했지만 곧 그만두어야 했다. 틀에 얽매이지 않고 자유로움을 누리며 자신의 길을 가고 싶었기 때문이라는 설명이다.

그는 올 개천미술공모대상전을 전국 규모 대전으로 향상·발전시키는 데 기여한 공로로 한국미술협회 이사장상을 수상했다. 한국예총 회장상 수상 이후 가장 큰 상인 셈이다. 내년엔 그동안 그려온 작품들을 모아 개인전을 열 계획도 갖고 있다. 풋풋한 웃음이 따뜻하게 다가오는 이경수씨. 미술 전시실에서 혹은 미술협회 사무실에서 그를 만나면 하루가 분명 즐거울 것이다.

문인화가 소천 「신세규」 씨

“서예술은 정적인 미를 추구하는 정신활동입니다. 과학기술 문명이 발달한 현대사회에서 인간정신을 수양하는 데 큰 기여를 할 수 있는 것이 서예술이라 할 수 있을 것입니다. 마음이 들떠 있거나 불안한 상태에서는 좋은 작품이 나올 수 없는데, 고요한 가운데 자신의 마음자리를 닦는 것에서부터 서예술은 시작된다고 하겠습니다.”

40여 년 전, 문인화의 불모지나 다름없던 진주지역에 문인화라는 싹을 틔워 그 꽃을 활짝 피워놓은 소천 신세규씨. 겉으로 보기에 지금의 나이가 믿기지 않을 정도로 건강을 유지하고 있으며 문하생들을 지도하는 데도 쉼이 없다. 현재까지 소천의 지도를 받은 문하생들을 모두 합치면 1,000명이 넘는다. 그들은 전국 각지에서 소천이 품어왔던 문인화 정신을 발전시키고 그 배움의 과정을 후배들에게 오롯이 전하는 데 이바지하고 있다.

소천은 자신의 이야기가 겉으로 드러나는 것을 좋아하지 않는다. ‘신문지면에 선생님의 작품세계와 근황을 소개하려 한다’는 필자의 말에 썩 마음내켜하지 않았는데, 이는 자신이 소망하는 일에 일로매진하는 성품 때문이리라.

지난 1978년 서울에서 개인전을 연 이후 국내에서는 단 한 번도 전시회를 갖지 않았다. 그동안 미국 일본 등지에서 6회 정도 초대작품전을 가져왔을 뿐. 작품활동을 하지 않은 것은 아니다. 다만 40여 년 간

문인화의 불모지나 다름없던 진주지역에 문인화라는 꽃을 피우는 데 전념해 왔을 뿐이다.

소천의 문인화 사랑은 문하생들의 진주수묵회 활동을 통해서도 잘 드러난다. 진주수묵회는 지역에서는 보기 드물게 문인화 연구로 그윽한 묵향을 가다듬고 있는 문인화 전문 그룹. 소천이 운영하고 있는 소천묵화실 문하생들이 모여 지난 1982년부터 해마다 작품전을 가져오고 있는데, 지난해 열아홉 번째 작품전을 마련했다. 더불어 미국 북가주서화협회, 1989년부터는 남가주미술가협회와 교류전을 지속적으로 열어오고 있다.

회원 가운데는 지역 유명작가로 활동하고 있는 문인화가들도 눈에 띈다. 문인화로 고고한 선비정신을 가다듬고 정진하는 자세로 사회 각 분야에서 활동하고 있는 회원들도 있다. 회원들은 주로 40·50대 중·장년층이 대부분. 올해도 문인화에 한글 또는 한문을 가미해 흑백과 여백의 조화가 돋보이는 작품들을 선보일 예정이어서 조만간 빼어난 수묵예술을 감상할 수 있을 것으로 기대되고 있다.

"동양미학의 극치인 문인화를 그리고 연구하는 것이 무척 즐겁습니다. 좋은 작업이란 연륜 속에서 자연스레 우러나오는 것임을 알기에 그 기다림의 즐거움을 스스로 즐기며 길을 가고 싶습니다."

소천 신세규씨는 대한민국 미술대전 연 4회 입선과 경남도미술대전·개천미술대상전 심사위원을 역임했다. 현재 소천묵화실을 운영하면서 진주수묵회를 주재하고 있다.

서각협회 「류현수」이사

“지금까지 그러했고, 앞으로도 나무와 함께 생활할 수 있어 좋습니다. 어떻게 보면 한평생 나무와 더불어 살아가야 하는 것이 저에게 주어진 업(業)은 아닌지 모르겠습니다. 물론 제가 선택한 지금의 일과 생활에 만족하고 있습니다.”

경남 사천시 축동면 탑리 도로를 달리다 보면 왼편으로 나타나는 아담한 건물이 있다. 겉보기에도 다양한 나무들이 쌓여 있어 이곳이 나무와 관련된 일을 하는 곳임을 알아차릴 수 있다. 두 개의 건물은 지난해까지 한국서각협회 경남지부장을 지낸 류현수(한국서각협회 이사)씨의 일터와 작업장이다. 한 건물은 목재로 뭐든 만들어내는 ‘목문공방 대신’ 이며, 다른 하나는 류씨가 작품을 구상하고 형상화하는 곳이다.

“대학에서 임산학을 전공했기 때문에 그때 배운 지식들이 서각을 하는 데 많은 도움이 됩니다. 목재의 종류와 질에 따라 칼 쓰는 방법과 강도를 달리해야 하는 것은 기본입니다. 개인적으로 부족한 것이 많다고 느낍니다. 끝없이 공부해야 하는 예술분야 중 하나가 서각이 아닌가 하는 생각을 해봅니다.”

류씨는 경상대 산업대학원에서 ‘핑거공차가 휨강도성능 및 AE특성에 미치는 영향’이라는 논문으로 이학석사 학위를 받았다. 남모르게 꾸준히 정진하고 있음을 방증해주는 하나의 예라 할 수 있다. 내놓기에 보잘 것 없는 내용이라며 겸손해하는 그는 젊은 시절 인천의 유명 악기공장에서 목재 관련 일을 10여 년 간 해온 목재분야 전문가다.

지난해 류씨가 서각가 삼림(森林) 송문영씨와 더불어 정성을 쏟아 결실을 본 것 가운데 돋보이는 것은 진주미협 서각분과 회원들의 한국미협 입회다. 그동안 서각인구의 증가와 회원들의 다양한 활동에도 불구하고 한국미협에서의 입지와 활동은 없었던 게 사실. '어떻게 하든 후배들을 위한 디딤돌 하나를 놓아야 한다'는 결심이 좋은 성과를 거둔 것이다. 앞으로는 대한민국미술대전에도 출품할 수 있어 중앙과의 교류 확대는 물론, 지역성이라는 한계를 극복할 수 있을 것으로 기대된다.

작업장에는 학(鶴)자를 나름대로 해석해 구성한 글자를 나무에 새겨 넣고 있는 것이 눈에 띈다. 조만간 있을 인터넷 전시회에 출품할 것이라고 한다. 자신만의 새로운 작품세계를 구축, 배운 것을 부단히 자기화하는 노력의 한 과정을 보여주고 있는 것이리라. "서각은 하면 할수록, 알면 알수록 힘이 드는 예술"이라며 자신이 체득한 바를 밝히는 류씨는 서각을 학문으로 체계화하는 것도 앞으로 해야 할 중요한 과제라고 말한다.

조만간 삶의 터전을 진주에서 사천 작업장으로 옮길 계획이라고 밝히는 류현수씨. 그를 만나면서 발견하게 되는 것은 생활과 예술이 어우러져 빚어내는 밝음과, 드러냄의 몸짓보다는 새로움을 향해 묵묵히 정진하는 삶의 중요성이다.

서각가 삼림 「송문영」 씨

농월정과 동호정이 자리한 곳으로 유명한 곳, 경남 함양군 서하면의 황산마을. 계관산이 눈앞에 펼쳐져 있고 육십령터널이 지나가는 그곳에 서각을 배우려는 사람들의 발길이 잦다. 젊은 시절 장승을 깎고 목조각을 하며 방방곡곡 돌아다녀야 했고 이젠 고향에 돌아와 한층 승화된 예술경지를 향해 매진하고 있는 삼림(森林) 송문영씨. 그의 고향인 황산마을에 삼림서각연구실이 있다. 마을 뒤쪽으로 울창한 나무가 있고 마을 한가운데론 맑은 물이 흐르고 있어 정겨움을 느끼게 한다.

'서각 하는 사람은 미적 감각과 인내심이 탁월해야 한다. 그냥 칼로만 파는 것이 아니다. 하나의 작품이 나오기까지는 서예가의 성향과 나무의 성질, 서각가의 칼 쓰임이 혼연일체가 돼야 한다. 목재를 구입해 제재소에서 잘라 2~3년 건조하고 글을 받아 풀로 붙여 새기고 들기름을 칠해서 작품이 나오기까지는 3~4년은 족히 걸린다.' 서각의 어려움을 여실히 보여주는 한 서각인의 글이다.

삼림에겐 웃음이 있다. '보물급'이라 해도 지나치지 않을 듯하다. 얼굴 전체에 살포시 펴지는 것이 영락없는 순진무구를 생각하게 한다. 아무나 흉내 낼 수 없는 그만의 매력이다. 삼림(森林)이라는 그의 호에는 나무(木)가 무려 다섯 개, 온통 나무다. 올해 나이가 사십 일곱인 삼림은 열여덟 살 때부터 나무 파는 일을 했으니 29년을 나무와 씨름했다. 사실은 열여덟 살까지 첩첩산중 함양 화림동 골짜기에서 살았고, 객지에서 수년 방랑하고는 또 다시 이 골짜기로 들어왔으니 40여 년을 나무와 더불어 살아온 셈이다.

먹고 사는 데는 지장이 없다. 30여 명의 제자를 배출했고, 그들은 지금 전국 곳곳에 탄탄하게 자리 잡고 있다. 더욱이 요즘에는 부쩍 서각 바람이 불고 있다. 서예 하는 사람, 미술 하는 사람들이 서각을 하겠다고 그의 연구실을 찾아든다. 현재 진주 대전 함양 등지에서 10여 명이 찾아와 서각을 배우고 가는데, 문하생 가운데는 학교 선생이 많다.

삼림이 사용하는 칼은 모두 150종류. 보통 서각가가 10개의 칼을 사용하는 것에 비해 어마어마한 숫자다. 칼을 다양하게 쓰는 만큼 기법도 다양하게 나타난다. 삼림의 서각은 남이 가르쳐준 것이 아니다. 깎고 깎고 또 깎고…, 스스로 깨달은 것이다. 굳이 스승이 있다고 말한다면 나무와 칼, 바람이다. 그는 젊은 시절부터 목신(木神)에 덮여 씌워진 듯 죽자구나 하고 나무 몸뚱이에다 우주와 인간의 꿈을 새겨 넣기 시작했다. 조금은 능멸적인 느낌을 주는 소리를 들어가면서까지 나무를 다듬고 매만지는 일을 놓지 않았다.

그는 꿈을 보았다. 시간과 공간의 변화를 조금씩 발견하기 시작했다. 그가 만들어내는 음양각과 둥근음각은 삼림을 다른 서각인과 구분하게 만드는 독특한 기법이다. 특히 둥근음각은 음각이면서 시각적으로 양각처럼 보이게 하는 것인데, 삼림에게 배우지 않고는 도저히 흉내 낼 수 없다. 그의 작품들이 지닌 구성과 기법이 독창적인 것은 오랫동안 조각에 몰두해온 그의 미술적 역량과 타고난 자연감성, 그리고 바위 같은 인내가 결합하여 뿜어 올리는 창조력 때문일 것이다.

농산물 경매사 「이종호」씨

거침없는 목소리, 활기찬 음성으로 아침을 여는 사람이 있다. 뭇사람이 주위를 둘러싸고 수신호(手信號)를 보내면 마이크를 잡은 주인공은 낙찰자를 결정한다. 불과 몇 초 사이. 전국에서 모인 청과류가 경매를 통해 새 주인을 찾아 떠난다. 진주시 농산물도매시장 아침 풍경이다.

하루 7,000만~8,000만원어치의 청과류 유통을 담당하고 있는 이종호씨(진주시 초장동). 진주중앙청과(주) 판매과장이기도 한 그는 남들보다 빨리 아침을 맞는다. 농민들이 내놓은 물품을 확인한 후 경매 우선순위를 정하고 상장된 농산물 가격을 평가해 최저가를 설정, 경매를 시행한다. 부산에서 8년, 마산·창원에서 3년, 진주에서 경매사 일을 본 지 3년이 돼 가지만 아직도 부족한 점이 많다며 겸손해 한다.

"경매를 진행하는 음성이 좀 특이하게 들리죠. 리듬감 있는 목소리가 시선을 집중시키는 데 효과가 있을 뿐만 아니라, 활기찬 분위기를 만드는 데도 도움이 되는 것 같습니다." 지난주 오후 느지막이 만난 이씨의 음성은 컬컬하면서도 힘 있어 보였다.

경매는 비록 단시간에 이뤄지지만 집중해야 하는 일이기 때문에 체력 소모가 많은 편이다. 평소 헬스로 체력을 다진다는 이씨는 지금의 일을 위해 담배와 술도 절제하고 있다. 그만큼 베테랑 경매사로서 철저한 프로의식을 지녔음을 읽을 수 있다.

농산물도매시장의 '꽃'으로 불리는 경매사는 농산물의 적정가격을 유지, 생산자와 소비자를 동시에 만족시키기 위해 새벽 빗장을 여는 사람들 가운데 하나다. 농민들이 땀 흘려 생산한 농산물을 제값 받게 하고, 소비자에게는 싸고 신선한 먹거리를 제공하는 역할을 한다.

"경매에 들어가 끝날 때까지는 농민과 중도매인, 경매사가 삼위일체가 되는데, 농산물 가격을 결정하는 2~3시간은 피를 말리는 시간입니다. 농산물도매시장은 농산물 가격을 형성하는 '예술의 장'이라 할 수 있습니다."

경매사의 일이 겉으로 비춰지는 것이 전부는 아니다. 출하가격이 낮을 때는 농민들에게 혼나고 함량미달 농산물이 있을 때는 중도매인들에게 거센 항의를 받기도 한다. 생산자와 소비자의 중간에서 농산물 가격을 형성하려면 서로 다른 입장에 놓여 있는 그들을 '오케스트라 지휘자'처럼 일사분란하게 조정해야 한다.

"십수년 간 쌓아온 경매의 노하우와 경험을 바탕으로 생산자에게 제값을 받게 할 때는 보람이 큽니다. 생산농민들에게 알찬 수익이 돌아가고, 소비자 식탁에 싱싱한 과일과 채소가 값싸게 공급되었을 때 무한한 기쁨 또한 맛봅니다."

경매사 경험도 어언 10여 년. 전국 각지 농민들과 중도매인들이 충혈된 눈으로 목을 빼고 있다. "우리 수박 값 좀 잘 받아 주이소." 농민들이 한마디 건네면, "그럼 우리는 뭐 먹고 사노." 중도매인들도 가만있지 않는다. 피땀 흘려 수확한 물품을 자신에게 맡기는 농민들을 생각하

면 이씨는 걱정이 앞선다. '오늘은 시세가 좋아야 할 텐데….'

경매일은 잘하면 본전, 잘못하면 욕만 얻어먹는다. "참 골치가 아프다." 하지만 경매사는 농민과 소비자에게 없어서는 안 될 고마운 '선상님'으로 통한다. 이씨는 이 말을 아끼지 않는다. "뿌리는 만큼 거두는 거라요."

관상조류 사육 「최상언·상두」 형제

수십 종의 새들이 줄기차게 움직여대는 모습에서 삶의 생동감을 느낄 때가 많다. 새를 가까이 하고 싶어 하는 마음은 새가 지닌 이런 발랄함에서 연유하는지도 모른다. 앵무·십자매·금화조·휜치·문조 등등. 자연을 닮은 신비로운 소리와 함께 정서적인 안정감을 안겨다 줘 좋다.

경남 함양군 유림면 화촌리 최상언·상두씨 형제는 일찌감치 관상조류 사육에 눈을 돌렸다. 공기 좋고 물 맑은 곳에서 잘 자란다는 관상조류. 윤기 나는 색채와 청아한 목소리를 지닌 새로 길러내면 얼마든지 외국에 내다팔 수 있다고 생각했다. 그들에겐 관상조류 사육이 우리 농촌을 부농으로 바꿔가는 지름길의 하나라는 믿음을 갖고 있었다. 최씨 형제는 1997년부터 5년째 함양군 화촌리 화장산 자락 사육장에서 구슬땀을 흘리고 있다.

현재 기르고 있는 새는 10종류 5,000마리. 모두 열대성 조류이기에 부화해 완전히 자랄 때까지 15도 이상의 온도를 유지해야 한다. 그만큼 손길이 많이 가는 일이다. 300마리로 출발한 최씨 형제는 지금은 수천마리 대식구를 거느린 관상조류 전문가다. '뿌린 만큼 거둔다'는 일념으로 하루도 무의미하게 보내지 않는다. 도농업기술센터나 함양군에서 실시하는 사육기술 교육에 빠짐없이 참여해 신기술 습득에도 열정을 쏟는다.

최상언씨는 진주산업대 농학과를 졸업하고 함양농협 유림지소에서 8년째 근무해 오고 있다. 대학시절부터 조류사육에 관심이 많았다고 한다. 동생 상두씨가 지금의 일을 전적으로 맡아 하고 있는데, 상언씨의 조언과 뒷받침이 큰 버팀목이 되고 있다. 상두씨는 고등학교 졸업 후 창원 LG공장에서 기술직 사원으로 근무했다. 실력을 착실히 쌓아갔지만, 기업경기 한파로 직장을 중도에 그만 둬야 하는 불운을 맞았다. 실의를 나날을 보내던 어느 날, 형 상언씨가 대학 때부터 간직해 왔던 사업계획을 동생에게 꺼내놓았다. 형제는 의기투합, 성공 여부가 불투명한 대모험을 감행했다.

그들에게 관상조류 사육은 '도전'이었다. 한 쌍의 새를 들여와 수를 늘리는 데는 세심한 주의와 노력, 그리고 인내가 필요하다. 우량 조류를 일반가정에 분양하거나 외국에 수출하기까지에는 최소한 1년여가 걸린다.

"이제 시작에 불과해요. 세계 어디에 내놓아도 최고로 손꼽히는 새를 길러내기 위해서는 더 많은 시간과 노력이 필요합니다. 훌륭한 자질을 갖춘 새는 어디에 내놓아도 대접받을 수 있다고 봅니다." 최씨 형제는 농가의 입장에서 관상조류 사육이 '가장 수익성 좋은 사업'이라는 점을 강조한다.

'새를 사랑하는 마음'이 있어야 조류사육에 성공할 수 있다고 말하는 최씨 형제는 앞으로 사육장 규모를 더 늘려 1만쌍의 조류를 사육할 계획이다. 멀지 않아 학생들의 자연학습장으로 이곳을 개방할 생각도 갖고 있다. 함양지역의 관광명소와 연계한 볼거리 제공을 위해 뭔가를 해보고 싶다는 것.

상두씨는 요즘 전자상거래를 위한 기술도 익히는 중이라 하루가 정말 빠듯하다. 낮에는 조류사육에, 저녁엔 컴퓨터 공부에 열중하고 있다. 그동안 얻은 노력의 결과도 만만치 않다. 도농업기술원에서 개최한 관상조류 품평회에서 1999년 은상, 지난해에는 금상을 차지하는 영예를 누리기도 했다.

색다른 농가소득원 개발을 위해 비지땀을 흘리고 있는 최씨 형제. 그들을 만나면서 머지않아 울려퍼질 '농촌의 희망가'를 들을 수 있었다.

모종배양 사업 「서은정」씨

"하루가 다르게 커 가는 식물들을 볼 때면, 마치 제 살이 돋아나는 것 같아 흐뭇합니다. 파릇파릇한 잎사귀들을 대하노라면 내일의 희망을 보는 것 같아 무한한 보람을 느낍니다. 농작물은 농부의 발자국 소리를 들으며 큰다는 말이 맞는 것 같습니다. 애정을 쏟은 만큼 자라나는 것을 느낄 수 있으니까요."

경남 진주시 진성면에 자리 잡고 있는 건물 프랜토피아. 겉으로 보기엔 무엇을 하는 곳인지 알 수 없다. 건물 안으로 들어서면 각양각색의 모종이 담겨 있는 병들이 한눈에 들어온다.

호접란과 화초류, 딸기 등 식물의 조직배양 사업에 헌신하고 있는 서은정씨(진주시 강남동). 그는 무균상태에서 추출한 식물의 생장점으로 모종을 생산해내고 있다. 그가 배양한 어린 싹들은 전국 각지로 퍼져나가 현대인들에게 아름다움과 유익함을 선사해주고 있다.

"제가 원했던 일을 하고 있다는 데 기쁨과 긍지를 느낍니다. 1994년 초 이 사업을 시작할 당시, 여성이라는 이유로 겪어야 했던 애로가 많았습니다. 시설자금 하나를 빌려주는 데도 관청에서 불필요한 것들을 많이 요구했습니다. 농업인경영자금을 받을 때에는 공무원인 부모님의 보증이 필요했습니다."

서씨의 부모님은 애지중지 키운 딸이 남자도 하기 힘든 일을 하겠다는 이야기를 듣고는 반대를 심하게 했다고 한다. 지금은 성화가 많이 수그러들었지만, 딸에 대한 부모님의 걱정은 여전하다고 한다. 서씨는 '도전 없는 삶은 무의미하다'는 생활신조로 땅 구입에서부터 시설을 갖추기까지 직접 발로 뛰며 혼자 동분서주했다고 한다.

경상대 원예학과를 졸업하고 대학원에서 전문성을 키운 그는 현재 어엿한 농업전문가로서 농업발전에 큰 몫을 담당하고 있다. 서씨가 지금의 모습으로 성장하기까지에는 도농업기술원 지도사들의 관심과 배려가 있었음은 물론이다. 젊은이들이 떠나버린 농촌에서 '역발상'의 신화를 일궈가는 그는 농업도 경제성을 충분히 확보할 수 있다고 자신하고 있다.

서씨는 대학 재학시절부터 진주시 가좌동과 중앙로터리 부근에서 6년 간 꽃꽂이학원을 운영하기도 했다. 미래에 펼칠 꿈을 위해 돈 되는 뭔가를 해야겠다는 결심이 있었다고 한다.

"어릴 때 저의 꿈은 자선사업가가 되는 것이었습니다. 지금도 그 꿈에는 변함이 없습니다. 베푸는 삶 속에 진정한 행복이 싹튼다고 저는 믿고 있습니다. 물질적으로 큰 도움을 주지는 못할지라도 어려운 분들과 함께 하려는 마음만 있다면, 이 세상은 살아갈 만한 가치가 있다고 봅니다."

서씨는 많은 젊은이가 농업선진화를 위한 다양한 사업에 참여했으면 하는 바람을 갖고 있다. '농업도 벤처'라는 생각으로 노력만 한다면 농사도 여타 산업에 뒤지지 않는 경제성을 확보할 수 있다는 것이 그의 한결같은 생각이다. 벼 모종도 무균상태에서 재배해 농가에 보급, 지금보다 더 질 높은 쌀을 생산하는 날이 머지않아 올 것이라고 강조한다.

서씨가 운영하고 있는 배양실의 1,000여 개 병 속에 호접란과 화초류 모종들이 무럭무럭 자라나고 있다. 싹이 어느 정도 자라면 자연환경에 내놓아 적응케 하는데, 모종 하나 하나에 쏟는 정성이 예사롭지 않다. 땀 흘린 만큼 대가는 돌아오게 마련이라는 믿음을 실천해 가고 있는 것이다.

대형서점 경영 「여태훈」씨

많은 책을 가까이 두고 살아가는 사람을 보면 부럽다. 보고 싶은 책을 어느 때든 마음 놓고 볼 수 있으니 얼마나 좋을까. 경제적으론 풍족하지 않을지라도 책을 차곡차곡 쌓아놓고 보면 많은 것을 가진 듯해 좋다.

"IMF라고 모두들 주저앉을 때 저는 뛰었죠. 지방 서점이 지역주민들의 문화욕구에 부응하지 못하는 마당에 움츠리면 같이 망한다고 믿었습니다."

지난 1999년 4월, 825㎡ 건물을 임대해 대형서점을 연 여태훈씨(진주문고 사장). 아직 젊은 나이지만 진주에서 서점을 운영한 지도 벌써 13년이란 세월이 흘렀다. 가뜩이나 어려운 경제상황에서 남들이 쉬 생각하지 못하는 일을 과감하게 추진한 것은 책과 서점에 대한 그의 지극한 사랑 때문이었다.

'서른일곱 해를 사는 동안 저는 제 삶의 소중한 부분들을 대부분 서점에서 배우고, 느끼고, 얻었습니다. 저에게 서점은 크고 넓은 세상을 내다보는 투명한 창문이자, 세상의 이치를 가르쳐 준 더없이 좋은 학교이자, 인생의 스승과 따르고 싶은 선배와 마음 맞는 벗들을 만나게 해준 고마운 만남과 관계의 장이었습니다. … 책과 음악과 차의 향기가 어우러진 공간, 마음껏 책의 숲을 거닐며 마음의 삼림욕을 즐길 수 있는 곳, 토론과 휴식과 만남이 함께 할 수 있는 공간, 책의 세계가 그러하듯 다양한 문화장르가 자유롭게 교차하고 표출될 수 있는 공간, 넓고 쾌적하고 책과 사람의 냄새가 살아있는 그런 공간으로 태어나려고 합니다.'(여태훈씨가 지인에게 보낸 편지 中)

그의 예상은 맞아 떨어졌다. 그가 1999년 지인들에게 보낸 편지 속에 담았던 꿈을 이해한 몇몇 지역인사들이 "우리도 서울 대형서점 같은 멋진 매장도 갖고 없는 책 없이 즐겨도 봐야 하지 않겠느냐"라며 뒷돈을 댔다고 한다.

"바쁘게 돌아가는 일상생활 속에서 큰 힘 들이지 않고도 신선한 충격과 감동을 받을 수 있는 것은 책을 통해서라고 봅니다. 책에는 선인들의 가르침이 있으며, 좋은 책은 우리 삶을 기름지게 합니다. 참다운 성공은 손에 쥐는 당장의 이익이 아니라, 마음속에 쌓아가는 마음의 양식에서 이루어지는 것이라 생각합니다."

1986년 경상대 앞에서 개척서림이란 이름의 23㎡짜리 인문과학 전문서점으로 출발한 여씨는 1988년에는 '색다른 서비스를 해보자'며 종합 출판문화 정보공간인 '책마을'을 개점했다. 책을 팔지만 회원이 된 고객에게는 그냥 빌려주기도 하는 도서관이자 책읽기 사랑방이었다. 틈틈이 방송에 패널로 출연도 하고, 독서 도우미로 활동했으며, 작가와의 만남, 문화강연회도 수시로 열었다.

시민들의 문화수준 향상을 위해 애쓰는 그의 남다른 노력은 지금도 변함없이 계속되고 있다. '책과 삶'이라는 테마로 문화답사 기행을 10년째 꾸려오고 있다. 매년 두 차례씩 최소한의 경비로 가족단위 문화답사를 실시해 진정한 책 사랑을 펼쳐오고 있는 것.

“저는 서점 문을 열어놓은 것밖에 없습니다. 그동안 주위 분들의 도움이 없었더라면 지금의 진주문고는 없었을 것입니다. 시민들 도움이 있을 때 비로소 서점은 발전해 간다고 생각합니다. 앞으로 바람이 있다면, 문화예술의 도시에 걸맞은 문화의 향기가 가득하도록 작은 힘이나마 보태는 것입니다. 올 가을에는 아파트 음악회도 열 생각입니다. 문화가 융성해야 책도 읽지 않을까요.”

책이 주는 향기는 묘한 매력을 지녔다. 오래 두고 본 책일수록 풍기는 향이 진하게 다가온다. 책 하나를 더 팔기보다는 시민들의 문화 향유를 먼저 생각하는 여태훈씨. 그는 분명 오래도록 간직하고 싶은 책의 향기만큼이나 훈훈한 마음의 향기를 지닌 책사나이임에 틀림없다.

우편집배원 「김현태」씨

'어르신께서 보내 주신 서신은 잘 받았습니다. 늦었지만 이렇게 지면을 통해 답신을 올리게 된 것을 용서해 주십시오. 그동안 아껴주시고 힘내라며 용기를 북돋워주신 그 사랑은 가슴 깊이 간직하고 있습니다. 어떤 일을 하든 하고자 하는 의욕과 자신감이 있다면 절대 외롭지 않다는 그 말씀, 살아가는 데 큰 힘이 됩니다. 어르신을 자주 찾아뵙고 말벗도 돼 드려야 하는데 마음처럼 몸이 따라 주지 않습니다. 제가 한 일은 별로 없는 것 같은데, 주위 어른들로부터 많은 은혜를 입은 것 같습니다. 아무쪼록 다시 뵈올 때까지 건강하시기를 빕니다.'

13년 동안 하루도 거르지 않고 우편가방을 메기도 하고 오토바이에 실은 채 주민들에게 기쁨과 슬픔을 전하며 함께 해온 진주우체국 집배원 김현태씨(진주시 평거동). 김씨는 자신에게 무한한 관심을 가져주는 주위 분들이 살아가는 데 든든한 힘이 된다며 오늘도 시내 거리를 활기차게 누빈다.

김씨를 만난 것은 얼마 전 아는 분의 소개를 통해서였다. 화려하지는 않지만 묵묵히 자신의 맡은 일에 최선을 다하며 살아가는 사람을 만나고 싶었다. 그를 만나기란 마음처럼 쉽지만은 않았다. 매일매일 쏟아지는 우편물을 주인에게 빠짐없이 전하기 위해 동분서주하다 보면 하루가 금방 지나가 버리기 때문이었다.

우체국 사무실에서 만난 김씨는 "주위에 자신보다 더 나은, 뭇사람의 귀감이 될 만한 이들이 많은데 어떻게 해서 자신이 추천되었는지 모르겠다"며 당혹감을 감추지 못했다.

"경제적으로 풍족하지는 않지만, 자신의 일에 만족하며 최선을 다하는 것이 값진 삶이라는 것을 깨달았습니다. 모두들 행복이라는 무지개를 잡으러 먼 곳까지 치달아 보지만 대부분은 성공하지 못하는 것 같습니다. 진정한 행복은 멀리 있는 것이 아니고, 집 담장 밑으로 비쳐드는 봄 햇살과 같은 것은 아닐까요." 그는 13년 간 우편물 가방을 친구 삼아, 자신이 전하는 한 통의 편지에 담긴 애환을 주민과 더불어 나누며 젊은 나날을 설계해 나가고 있다.

그의 어릴 적 꿈은 엔지니어였다. 부산대 기계공학과에 입학해 남들 못지 않은 노력을 하며 꿈을 실현해 보려고 애를 썼다고 한다. 하지만, 2년 간 대학을 다니다 중도에 학업을 그만 둘 수밖에 없었다. 당시 그가 처한 주위 환경이 공부를 계속해 나가기엔 너무나 힘들었기 때문이란다. 군복무를 마친 뒤, 김씨는 1987년 부산우체국에서 집배원 생활을 시작했다.

부산시내 외곽지역의 우편배달을 맡았을 때는 편지 한 통을 전하기 위해 몇 십리 길을 자전거를 타고 혹은 걸어가는 일이 다반사였다고 한다. 교통편이 좋지 않은 지역 주민들의 잔심부름은 김씨가 자청해 떠맡기도 했다. 노인들에게 가끔씩 말벗도 돼 주는 등 인정을 베풀어 아직도 이 지역 노인들은 김씨를 '인정 많은 젊은 우편배달부'로 기억하고 있다고 한다.

현재 진주시 대안동의 우편배달을 책임지고 있는 그는 하루 12시간이 넘는 근무시간 동안 1,900여 통의 우편물과 씨름을 하면서도 자신이 원하는 일을 하기 때문에 힘든 줄을 모른다고 한다. 아침 6시 30분이면 출근해 우편물 분류작업으로 하루일과를 시작, 오후 늦게야 업무가 끝난다. 그동안의 노력을 인정받아, 김씨는 체신금융 실적향상 공로표창과 우수공무원 표창을 서너 차례 받기도 했다.

집배원 생활을 하면서 겪는 어려움을 들려달라고 하자, 김씨는 자신의 이야기보다는 시민들에게 당부하는 말을 먼저 꺼내 놓는다. "아직도 옛 우편번호를 적은 우편물을 종종 발견하게 됩니다. 예전 우편번호를 사용하면 우편물 하나 하나 손작업을 거쳐야 하기 때문에 일하는 데 어려움이 많습니다. 새 우편번호를 적극 사용해주시면 저희들 일을 많이 줄일 수 있을 것입니다."

여행 가이드 「김한윤」씨

어디론가 떠나는 사람들을 보면 가끔은 부러운 마음이 일곤 한다. 팍팍한 세상살이에 삶의 활력이 되기도 하는 새로운 세계와의 만남, 미지로의 여행은 살아가는 데 크나큰 위안이 된다.

'거제 해금강 & 경호강 래프팅' 팸투어(사전답사여행)를 주관한 신라항공여행사 김한윤(진주시 신안동) 사장은 인정미 물씬 풍기는 부산 사나이다. 국내 여행 가이드는 처음이라며 능청을 떨곤 하지만 마이크를 잡고 여행지 곳곳을 소개하는 실력만큼은 프로다. 노래 솜씨도 수준급. 5년 간의 태국 가이드 경험을 바탕으로 부산이나 서울 등 대도시에서 여행사를 운영할 수도 있을 텐데 굳이 진주에 정착한 속내가 궁금하다.

"지방 여행사 80%는 버스사업을 하다 여행사를 하는 경우입니다. 당연히 패키지상품에 대해 잘 모를 수밖에 없어요. 저는 지역민들에게 여행의 즐거움을 듬뿍 줄 수 있는 다양한 프로그램을 개발하고 싶습니다. 또한 서울에서 시작해 지방으로 내려오기보다는 지방에서 먼저 터를 닦아 서울까지 진출하는 여행사가 되고 싶습니다."

김씨가 지방 신생 여행사로서 갖는 영세성을 극복하기 위해 선택한 것은 네트워크 여행사다. 진주에 본사를 두고 사천 부산 마산 대구 제주에 동업형태의 지사를 운영하고 있을 뿐만 아니라, 경주나 대전 지역으로도 사업확장을 계획하고 있다. 그렇다면 남도의 많고 많은 지역

가운데 굳이 진주를 거점으로 삼은 이유는 무엇일까.

"지금은 아웃바운드(외국여행)가 매출의 많은 부분을 차지하고 있지만 저희가 주력하는 것은 국내 관광상품 개발과 인바운드(국내여행)입니다. 그런 면에서 진주는 진주~대전 간 고속도로 개통, 2005년 진주~통영 간 고속도로 개통으로 남도관광의 중심으로 부상할 것입니다. 거제는 물론이고 대전이나 부산과도 한두 시간이면 이동이 가능하게 되죠. 무엇보다 지리산으로 접근하기에 진주만큼 좋은 곳은 없습니다."

꾸준히 문을 두드린 결실로 신라항공여행사는 그동안 80여 명의 태국인 관광객을 유치했을 뿐만 아니라, 인천공항의 개항과 함께 더욱 중요해진 지방 항공사와의 연계로 인근지역 관광에도 활기를 불어넣고 있다. 아시아나항공 협찬으로 진행된 '해금강 & 경호강 래프팅' 팸투어도 신라항공여행사의 인지도를 높이면서 '네트워크의 힘'을 강화하기 위한 노력의 하나다.

김씨는 아시아나항공 진주지점과 연계해 '비행기로 가는 서울여행'을 선보여 호평을 받았다. 도내 유치원생이나 초등학생들의 경우 서울여행을 하는 데 시간적경제적 어려움이 많은데, 이젠 마음만 먹으면 어느 때든 저렴한 가격에 알찬 여행을 할 수 있게 됐다. 비행기로 아침 일찍 서울에 도착해 관광을 하고 오후 8시에 되돌아오는 하루 코스 일정. 전문가이드와 함께 서울을 구경하면서 우리 문화유산의 생생한 모습들을 현장에서 체험할 수 있다.

짝 없이 진주서 혼자 생활하고 있는 그는 결혼을 안 한 이유에 대해

"해야 할 일이 아직은 많다"며 "아내와 함께 저녁 먹는 그날이 하루빨리 오기를 학수고대하고 있다"라고 밝혔다.

서울여행 가는 조카에게...

비행기 탈 날을 손꼽아 보며 하루하루를 설렘 속에 보내는 너의 얼굴을 보니 기쁘다. 많은 돈 들이지 않고 친구들과 함께 떠나는 서울여행. 이렇게 좋아하는 것을…. 서울여행 떠날 날을 기다리는 너의 해맑은 모습을 보니 행복이란 멀리 존재하는 것이 아님을 실감한다.

여행은 떠날 때의 설렘에서부터 시작된다고 했다. 마음속으로 그려보는 파란하늘과 비행기, 서울의 다양한 모습들. 상상의 나래를 마음껏 펼쳐 보아라. 좋은 여행은 목적지보다 도중에서 더 귀한 것을 얻게 된다고도 했다. 가이드 선생님의 말을 귀담아 들으며 친구들과 멋진 추억거리를 만들어 보기 바란다.

쑥쑥 자라 나중에 서울생활을 해 볼 수 있으리라 생각되지만, 어릴 때 만나는 서울의 모습은 색다른 추억거리가 될 것으로 본다. 어떤 무엇을 꼭이 보고야 말겠다는 생각보다는 이번 여행이 크고 넓은 마음을 가질 수 있는 계기가 되었으면 좋겠다.

말로만 듣던 서울 코엑스 해양수족관은 어른들마저 동심의 세계로 이끌 만큼 인상 깊은 곳이다. 다양한 어류 및 해양동물을 관찰하며 새 세계를 발견할 수 있을 것으로 기대된다. 삼성어린이박물관은 말로

써는 설명이 불가능한, 온갖 종류의 놀이시설과 프로그램이 마련돼 있는 곳이다. 어린이를 위한 우리나라 최초의 체험식 박물관이라 부르는 이유를 확인할 수 있으리라 본다.

서울 어린이들에게 기죽을 필요는 없다. 문화적인 혜택은 조금 덜 누릴지 모르지만, 너희들은 아무나 할 수 없는 소중한 공부를 매일매일 하고 있다. 맨발로 논밭에서 뛰고 개울에서 개구리와 노니는 시간들, 앞으로의 생활에 큰 도움이 되는 것들이다.

하루라는 짧은 일정이지만, 많은 것을 느낄 수 있는 여행이 되었으면 좋겠다. 돌아올 땐, 분명 환한 얼굴로 만날 수 있을 것이다.